谨以此书献给南宁三中建校 125 周年

献给关心和支持学校的各界领导和社会各界人士

献给曾在和正在三中辛勤耕耘的教职员工

献给所有在这里孜孜求索的学子们

道从何处来

南宁市第三中学 ⋯⋯⋯⋯ 编

广西人民出版社

图书在版编目（CIP）数据

道从何处来/南宁市第三中学编 . — 南宁：广西人民出版社，
2023.11（2024.6 重印）

（百年名校正青春）

ISBN 978-7-219-11654-8

Ⅰ . ①道… Ⅱ . ①南… Ⅲ . ①南宁市第三中学—校史
Ⅳ . ① G639.286.71

中国国家版本馆 CIP 数据核字（2023）第 206714 号

DAO CONG HECHU LAI

道从何处来

南宁市第三中学 编

策　　划　赵彦红

执行策划　林晓明　陈晓蕾

责任编辑　陈　威

责任校对　彭青梅

美术编辑　牛广华

版式设计　翁襄媛

出版发行　广西人民出版社

社　　址　广西南宁市桂春路 6 号

邮　　编　530021

印　　刷　广西昭泰子隆彩印有限责任公司

开　　本　787mm×1092mm　1／16

印　　张　17

字　　数　269 千字

版　　次　2023 年 11 月　第 1 版

印　　次　2024 年 6 月　第 2 次印刷

书　　号　ISBN 978-7-219-11654-8

定　　价　75.00 元

"百年名校正青春"丛书编委会

（按姓氏笔画排序）

总 序

　　欲厦之高，必牢其基；欲流之远，必浚其源。自1897 年维新人士余镜清创办的南宁乌龙寺讲堂算起，南宁市第三中学（简称南宁三中）历经了一百二十五年的洗礼与积淀，以其深厚的文化底蕴和卓越的办学特色，成为莘莘学子向往的求知殿堂，成为闪耀八桂大地的一个明星教育品牌。逢南宁三中一百二十五周年校庆之际，为了凝练延续名校基因，我们特别推出了"百年名校正青春"丛书，旨在回顾百年辉煌、展示教育求索、激励基因传承，这是南宁三中办学历程中一项具有里程碑意义的创举！

　　"百年名校正青春"丛书共计十册，是一次对学校发展蜕变的全景式展现，是一次对中学教育教学探索的全貌式分享，是一场弥足珍贵的文化盛宴。每一册书都浸染着南宁三中深厚的文化底色，以"真·爱"教育思想为引领，厚植"家的支柱，国之栋梁"的育人理念，秉持"以学术究真，以温暖施爱"的精神，从不同维度讲述南宁三中故事，展现新时代教育背景下蓬勃向上、生机盎然的南宁三中风貌。

　　在丛书里，《道从何处来》仿佛是一本扉页镶嵌着时间之石的珍宝簿，为我们展开了南宁三中砥砺百年的历史画卷。它以六个篇章为笔墨，深情而准确地勾勒出这所百年名校的成长脉络。通过那些极具代表性的图片和经典事件的点缀，让我们仿佛置身于隽永的岁月长河之中，得以亲近属于南宁三中的教育理想和抱负，明了永恒的教育精神和卓越的教学成就。

　　《学科浪漫故事》有如一泓清泉，洋溢着南宁三中这所百年名校的教育芬芳。纵览四方的辉煌，体味十三门学科的精彩教学故事和教师们的辛苦与创新，名师们的风采和学生们的真情得以淋漓尽致呈现。在南湖之畔的南宁三中讲台，奏出一曲曲优美乐章，无一不让人流连沉醉。

　　《草木尽欲言》仿佛是一簇鲜花，伴着南国和畅清风，为我们拂来南宁三中校园里草木的芬芳。每一株植物都有其婀娜姿态，仿佛向我们低声述说着校园的故事。从植物的简介到手绘插画，再到古诗词品读和师生情谊，我们如同漫游在文化花园中，领略南宁三中师生间深厚的情谊和百年名校的韵味。

　　《学研相济　聚木成林》犹如一片浩渺星空，闪耀着南宁三中科研成果的光辉。基于南宁三中在深化改革和创新发展方面的探索，将历年的杰出科研成果进行了编录，展示学校在教科研领域的深厚功底，为全市乃至全区深入推进教育教学改革、提高学校教学质量提供新启示、新方法。

　　《美好不止于初见》宛如一座丰碑，细述着南宁三中青山校区、五象校区、初中部青秀校区和初中部五象校区的风采。翻开书页，我们仿佛走进了被红色文化长久滋润的百年名校,移步换景间,得以尽览各校区的师资力量、历史人文、建筑特色、校园环境、生态资源,领略新时代背景下的南宁三中风采。

《四季 三中》如同一壶芬芳的清茶,于平淡之间,我们可以品味出南宁三中后勤服务工作者不凡的辛勤劳动。每一道美食、每一处胜景、每一桩小事都串联起南宁三中对学子们的关爱与体贴,诠释着学校"全境温馨、全员温暖、全校温情"的人文精神。

《爱要大声说出来》灿若一颗流星,闪烁着南宁三中学子思想和道德品质的光芒。书中收录了南宁三中学子在国旗下发表的精彩讲话,涵盖了爱国主义教育、党史学习教育、党团活动宣传、思想政治教育、法治教育和感恩教育等多个方面,用文字的力量让思想的匠心荡涤在心灵的河流,展示南宁三中在"真·爱"教育的引领下,全过程、全方位育人,为党育人、为国育才的成果。

《给母校的情书》好比一曲饱含着墨香韵味的恋歌,收录了南宁三中师生和优秀校友们的回忆文章。师者说,学子吟,从教师们的珍贵回忆,到学子们在求学时期难忘的点滴与毕业后对母校无尽的眷恋。通过一封封充满深情的书信,我们感悟到南宁三中在百年时光中为学子们的成长付出的真挚关怀,让人们见识了这座百年名校多彩且立体的人文风采。

《光阴的故事》好似一幅细腻的水墨画,从多门学科的角度解读二十四节气,揭示其中蕴含的学科知识和中国故事。将中华优秀传统文化带入课堂,将创新教育的理念融入学校,让我们得以领略南宁三中教育的真谛和不断探索创新的精神。

《无界学习》宛然一座学识宝库，收录了南宁三中教师们关于无界学习的论文成果。新时代，知识无界、学习无界，要想在新征程中、新挑战下依然抬头挺胸、昂首阔步，就必须深入研究如何实现学生在学习过程中的全面发展。从纯粹的记忆到对知识的理解、反思、运用、迁移，再到品德、智慧、体魄、艺术和劳动的并举，这本书呈现了南宁三中教育工作者对青少年身心发展规律的深入探索，可为教育工作者提供宝贵经验。

本丛书的撰写与编纂，汇集了南宁三中教师、学生和校友的智慧与经验，他们倾注激情，用心良苦，将自己的思想和经历以生动的笔触呈现给读者。这些书籍既承载了南宁三中百年来的教育理念和办学精神，也彰显了南宁三中学子积极向上、积极进取的精神风貌。

撰书之初，南宁三中初中部江南校区仍处于初期筹备中；成书之时，初中部江南校区也方于2023年9月投入使用，所以未能在本丛书中有所收列。但自筹备之日起，南宁三中这所百年名校的精神和血脉便早已一以贯之，作为一个站在新起点的校区，已然立志于心、成竹于胸，开门即名校，不日将会打造出一张"创新江南"的崭新名片！

在这个飞速发展的新时代，南宁三中将以"百年名校正青春"丛书的出版为契机，拥抱时代，积极进取，勇于创新，主动求变，始终坚持以"为党育人 为国育才"为根本目标，践行"真·爱"教育思想，以培养"家的支柱，国之栋梁"为育人愿景，深入推进"教研强校 温暖育人"发展战略，让南宁三中在新时代继续引领教育潮流，培养更多有"真·爱"精神的学生，为社会培养更多有责任感、有担当的栋梁之才。

南宁三中，百年名校正青春！让我们共同见证这个伟大的历程，体悟南宁三中的精神风貌，感受岁月留存的智慧印记，为南宁三中的百年辉煌点赞。希望这些书籍的问世，能够启迪更多志同道合之人，引领他们走向未来，书写属于自己的辉煌篇章！

编　者

2023年10月

序
一

百多年前，西风东渐，余氏先贤创办南宁乌龙寺讲堂，清政府废科举、办新学；1928年，迁校至高庙坡（今南宁市第二中学初中部新民校区）新建校舍上课；解放之初，文艺评论家舒芜（本名方管）出任校长，学校成为广西省南宁中学，曾冠名南宁府中学堂、南宁府中学校、南宁中学校、广西省立第一中学校、广西省立第一高级中学、广西省立南宁高级中学、广西省立第一联合中学、广西省南宁中学、广西省南宁高级中学；1954年，再迁校于埌边村；1955年正式命名为广西省南宁第三中学。

星移斗转，沧桑巨变，时光荏苒，岁月如歌。百多年弹指一挥间，灿烂的文化流淌了一个多世纪。百年的沧桑，积淀了她的历史印迹；百年的春风，熏陶了她的匡国英奇；百年的奋斗，铸就了她的骄人业绩。翻开南宁三中办学的历史长卷，一批批矢志兴学、呕心沥血的教育大家曾在这里执掌教鞭、辛勤耕耘；一代代胸怀大志、志存高远、求真务实、学有所长的青年才俊从这里欣然起飞，鹏程万里。从1897年到1912年，从民国初年到民族解放，从民族独立到民族复兴，从初露锋芒到大展宏图，南宁三中一路坎坷，一路欢歌，从这里走出了教育家雷沛鸿、革命英烈朱锡昂、文艺评论家舒芜、第八届全国人大常委会副委员长甘苦、中华人民共和国开国中将莫文骅、中国工程院院士李京文、音乐指挥家李德伦、航天工程师吴公治、哈佛博士林映晞、普林斯顿博士麻晓娟、清华少年胡人予等一辈辈杰出英才。他们犹如一颗颗熠熠发光的明星，闪烁在百年历史的星空，将百年的璀璨熔铸成了一幅绚丽夺目的历史画卷和一条内涵丰富的文化长廊，更有大量活跃在各条战线、各个领域为祖国奉献的三中学子和校友，是他们共同缔造了母校百年的辉煌史，成为母校永远的骄傲与光荣，他们已被载入史册，成为母校永恒的历史！

百年沧桑钟灵秀，万千桃李竞芳菲。一个多世纪璀璨的业绩已汇入流金岁月，新百年的辉煌更期待我们去铸就。如今的校园桃红李艳、生机勃勃。雄厚的师资力量，科学的教学管理，先进的教育理念，醇正的教风学风让南宁三中成为饮誉八桂的培养优秀人才的摇篮。为此，我们要向对南宁三中发展、进步给予亲切关怀与大力支持的各级党委、政府，向始终关心帮助学校成长的广大海内外校友，向所有为三中作出过和正在默默做着奉献的三中人，向多年来始终关心和支持学校建设和发展的各级领导、各友好单位及社会各界人士表示最崇高的敬意和真诚的感谢！

回顾百年创业来路，历史深刻启迪我们，要与时俱进，牢牢把握新时代机遇，弘扬优良传统，凝聚八方人心，锐意进取、开拓创新，走南宁三中的特色发展之路，为构建和谐社会作出南宁三中人的新贡献。

　　南宁三中将坚守为党育人、为国育才的初心使命，树立多样化人才观念，因材施教，努力提高创新人才自主培养质量，为建设人才强国、教育强国贡献力量。我们相信，有南宁三中百年积淀的优秀文化和传统，有全体师生不懈的努力，南宁三中一定能够创造更加灿烂辉煌的新纪元！

南宁市第三中学校长、党委副书记　韦屏山
2023 年 10 月

序二 三中赋

　　知识殿堂，庄严学府。左邻青秀，右接南湖。聚湖山之灵气，扼南北之通途。崇楼突兀，大木扶苏。一片书声人读月；满园春色鸟将雏。校园胜似花园，风光别具；学子皆为赤子，气象自殊。值腾飞之年代，展改革之宏图。文光灿五象之霞；佳誉载名校之谱。既勃勃以腾翔，复孜孜而驰骛。此乃今日三中也，无怪世人倾慕！

　　夫自乌龙寺院迄今，百有十年。从不抱残守缺；一向择善举贤。余镜清维新讲堂，生面别开；雷沛鸿教育救国，苦心不变。得锡昂[1]精神，光耀后昆；有方管才华，人推时彦……初也生员三十；今之学子数千。斯谓与时俱进；岂能同日而言？故名嘉九易；址赞五迁。曾号南高以流芳岭表；终卜吉时而定址埌边。

　　其时也，人离闹市，地处荒郊。四围古墓，满目蓬蒿。兔狐出没，蛇鼠逍遥。夏夜即萤火追随磷火；冬深则风号夹杂豺号。于是师生共勉，风雨同袍。凿井而饮，割草为樵。种菜种瓜，自给自足；栽花栽树，任怨任劳。林坰荒丘，化作琅嬛福地；芸窗书案，迎来旭日春朝。勤学爱翁[2]、牛顿，巧攻苏海[3]、韩潮[4]。

---

① 朱锡昂。
② 爱因斯坦。
③ 苏轼。
④ 韩愈。

　　或云校有特色，士必专精。入此门则幸为桃李；出社会则尽展才能。仰经天①之事业；羡文骅②之驰骋。工程院士，李京文术能富国；航天专家，吴公治志在摩星。传熙③妙手挥时，行云顿遏；陈铁锦标夺处，举世皆惊。壮家骄子甘苦，中国旋风杨萍……同为校友，俱是精英！

　　惟是光荣已属过去，成绩应归为零。喜云程之远大，寄厚望于后生：无偏"德""智"之育，无违"真·爱"之情。须知肩头任重，珍惜眼下年轻。教育救国，历经前贤努力：知识强国，端赖尔辈完成。倘能发愤为雄，将相何曾有种、若不因循守旧，中华必定振兴！

广西楹联学会常务副会长　周绍麟

2007 年 10 月

---

①　雷经天。
②　莫文骅。
③　陈传熙。

南宁市第三中学简介

　　南宁市第三中学是广西首批重点中学、首批示范性普通高中之一，其前身为1897年维新人士余镜清创办的南宁乌龙寺讲堂，使用过南宁府中学堂、南宁府中学校、南宁中学校、广西省立第一中学校、广西省立第一高级中学、广西省立南宁高级中学、广西省立第一联合中学、广西省南宁中学、广西省南宁高级中学等校名。历经一百多年风雨的洗礼与历史的积淀，学校以"真·爱"教育的办学思想和"德育为先，文理并重，崇尚一流"的办学特色饮誉华夏大地，成为莘莘学子向往的求知殿堂。

　　学校目前拥有青山校区、五象校区，初中部青秀校区、初中部五象校区、初中部江南校区等5个校区，形成集团办学模式。5个校区共有254个教学班级，在校学生13183人，在职教师1054人。学校师资力量雄厚，目前在职的专任教师906人，其中正高级教师17人、高级教师224人、特级教师17人、教坛明星6人、广西教学名师4人、南宁市学科带头人96人、南宁市教学骨干268人。

　　学校坚持科研强校，全力打造学术拔尖的教师队伍。曾荣获基础教育国家级教学成果奖二等奖6项；广西基础教育教学成果奖特等奖5项，一等奖7项，二等奖7项，三等奖3项。获奖数量领跑全区。

　　学校注重丰富多彩的课程建设，促进学生人人发展。2011—2022年，获9个广西文理科总分第一，207人被清华大学、北京大学录取，一本升学率攀升至90.2%。在全国中学生奥林匹克竞赛（简称奥赛）中，截至2023年，有616人次获得广西赛区一等奖，159人入选广西代表队参加全国决赛，获得13枚全国奥赛金牌，2011—

2022年，学校连续10年获广西赛区一等奖人数、入选广西代表队人数排名广西第一。近5年学校学生获2项发明专利、17项实用新型专利授权，在全国科技创新大赛、文体大赛、机器人大赛等各项比赛中争金夺银。

南宁三中作为普通高中新课程新教材实施国家级示范校，顺应变革，对学校教育资源和力量进行重新整合。一是加强顶层设计，成立高考综合改革工作领导小组，不断探索构建适应高考改革的育人体系。二是积极探索基于学生核心素养培育的教学模式，优化课程供给。打造"五维"创新人才培养模式，设置了知识拓展类、学术研究类、职业生涯类、兴趣特长类四类校本课程，实现国家课程与校本课程有效衔接，落实"五育"并举。三是推动学习方式变革，推行课堂"项目式教学"与学生的"无界学习"，指向学生核心素养培养。四是构建了学业规划、职业规划和人生规划三个模块的职业生涯课程体系，推动职业生涯课程建设。五是坚持学术引领，打造教师发展体系。设立"三级名师工程"，聚焦"问题导学、合作学习、学科阅读、深度学习"四项研究突破，形成了"课堂掌控—课题引领—课程领导—项目统领—成果培育"五阶学术路径，推行"六大行动计划"，完善了教师培养模式，形成了"多元发展"的教师成才机制，学校教师队伍建设呈现出"师德高尚、学术拔尖"的特点。

学校注重对学生综合素质的培养，特色鲜明的"实践—体验—引导—升华"实践型德育模式获得教育部原部长陈至立的高度评价。学校每年开展"四礼五节五会九赛"活动，其中元旦大型通宵系列活动、新蕾艺术节、音乐会、科技节、三中歌台、四大德育基地实践活动、校园电视台等校园文化品牌，成为广西教育走向五湖四海的一张张亮丽的名片。

学校以优良师德师风为引领，全面落实立德树人根本任务。近5年学校获"全国文明校园""全国教育系统先进集体""全国五四红旗团委""自治区先进基层党组织"等荣誉称号。2018年，学校被评为广西五一劳动奖状单位、南宁市先进单位，实践型德育模式被教育部列入全国中小学德育工作典型经验名单，入选全国文明校园巡礼和广西集中宣传报道单位。

1897

Nanning No. 3 Middle School

校训：敦品力学

　　"敦品励（力）学"语出清代学者梁章钜《归田琐记·谢古梅先生》："先生敦品励学，实为儒宗。"梁章钜以"敦品励学"来评价具有儒者风范、高尚品格的人。"敦"本为厚重意，引申为奋勉、敦促、勉力的意思。"敦品"即砥砺品德。"励"，讲的是做事要勤勉，不忘初心，持之以恒。"力"在此与"励"同义，"力学"，即发奋学习。"敦品力学"即砥砺品德修养，致力发奋学习。

　　作为为人师表的教师，要教育好学生，就必须以身作则，率先垂范，方能以德育人。作为青春年少的学子，要勤奋学习，修身养性，砥砺高尚的情操；要立志高远，砥砺远大的理想；要涵养美德，砥砺美好的心灵。

·办学思想："真·爱"教育
·校　　风：从严律己　求实存真
·学　　风：勤学　多思　明智　上进
·教　　风：团结　实干　创新　求精

各时期学校大门

1958年学校大门

1959年学校大门

20世纪80年代学校大门

今青山校区大门

今五象校区大门

今初中部青秀校区大门

今初中部五象校区大门

今初中部江南校区大门

真爱溯源

(1897—1912)

一、南三溯乌龙，一网罩九龟

南宁市第三中学的前身最早是1897年由戊戌变法领袖康有为、梁启超好友——四川籍维新人士余镜清创办的南宁乌龙寺讲堂，校址位于南宁城内仓西门大街（在今民生路西段）的乌龙古寺（在今民生路邮电局到五洲大药房一带）。而今乌龙寺已荡然无存，但乌龙寺的传说却一直在邕城传扬。

余自清著有《镜海文集》一书，盛容之为之作序。序中有云：余自清原名余镜清。光绪五年己卯科拔贡，与康梁友善，参与变法维新……。光绪二十三年春，于府城乌龙寺开办授维新要旨。翌年戊戌变起，遂易名自清，旋即引退。

相传宋朝时期，刘初任邕州太守后，发现原有土城矮小不安全，于是决定重新用砖石筑城。但白天筑好的城基一到晚上总是全部倒塌，天天如此。一日夜里，刘初在睡梦中得仙人托梦："筑城筑城，龟化即成。"旦日醒来，刘初百思不得其解。当他按例来到城边，正苦于无计之时，突然天地间狂风大作，一条黑蟒乘风而来。只见黑蟒由上

乌龙寺所在地附近——新华街水塔脚远眺

新华街水塔脚

石牌坊（在今共和路）绕东壕塘，经东门旧昭忠祠（在今民生路东段头），再沿着如今的南环路，过火烧地（在今邕江宾馆门前左侧），经现在的当阳街、新华街、望火楼，最后绕回上石牌坊便消失得无影无踪。黑蟒所经之地，有物如炭炙烤石化。忽而间刘初想起仙人托梦之辞，遂速命劳役沿着黑蟒的形迹垒石筑城，新城基果然不再倒塌。原来，邕州水闸门外（在今民权路尾邕江大桥头）河下深潭边的洞里住着九只大乌龟，每天趁夜捣乱。得知乌龟上岸作怪，龙王便派了黑蟒将军前来镇压，仓皇逃窜的乌龟纷纷被石化。城基筑好后，刘初又于要害之地建以寺庙，使其能"一网罩九龟"，护佑邕州一方百姓的平安，因城是黑蟒相助而得，遂将寺庙取名"乌龙寺"，所以邕州城昔日也被人称为"龟城"。虽然乌龙寺传说是有其神化的地方，但是传说多是源于先民的生活经验，可以显见的是南宁三中前身乌龙寺讲堂的地理位置历来都是极为特别和重要的，而这不禁让人想起百余年前乌龙寺讲堂桃李争妍的盛况。

二、毓秀生别面，变法开新风

溯源乌龙，展维新之宏图。清光绪二十三年（1897年）维新人士余镜清先生创办南宁乌龙寺讲堂。余镜清后改名余自清，著有《镜海文集》一书（原著孤本现存于四川省图书馆），盛容之为其作序。

清末，随着西方文化对中国传统文化的冲击、渗透，人们已不满足于传统"四书五经"的教学，不愿再接受私塾"读死书"的束缚，渴望学习西方先进的科学文化知识。而国家此时内外交困，国势衰弱，清政府欲图自强而废止科举。光绪二十九年（1903年），清政府颁布《奏定中学堂章程》，规定"中学堂定章各府必设一所"。在全国废科举、兴学校风潮的影响下，光绪三十一年（1905年），清政府厉行兴学，社会上毁庙办学之风渐盛，各地纷纷将寺庙改成了学校，把寺产充作校产。南宁府知府杜庆元为顺应民愿，于当年在南宁主持成立学务公所，并分别委任李祖若、黄居邕为正、副所长，负责筹办学堂。南宁学务公所所长李祖若于当年十一月把原南宁乌龙寺讲堂所在地的乌龙寺、关帝庙、乌龙祠及祠后之白夫人祠、至富宫、大叶宫等合并做校舍。校舍多仍旧贯，其头门即关帝庙故址。光绪三十二年（1906年）二月初一开学，初九上课，学制四年。学校组织简单，没有校长，负责人多称堂长并由南宁府知府兼任，设一监学协助（见第13页图1-1）。

光绪三十二年（1906年）四月，南宁府中学堂（在今民生路邮政局至向阳商店一带）正式成立，学堂堂长由南宁知府杜庆元兼任。自此，南宁府有了第一家官办学校。

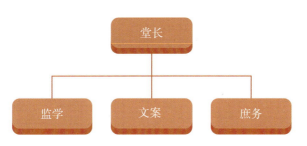

图 1-1　南宁府中学堂机构设置

南宁府中学堂开设的课程门类较为齐全，除了有读经讲经、中国文学、历史等沿承中华传统文化的常规科目，还开设了算学、博物、物理、化学、外国语、图画等学科，与时俱进，同近现代的学校课程已无太大的区别（见表1-1）。

表1-1　宣统二年（1910年）南宁府中学堂课程表

学科		每学年每周授课钟点					内容
		第一年	第二年	第三年	第四年	第五年	
主课	算学	6	6	6	6	6	算数、代数、几何、三角、解析几何、微积分初步
	博物	6	6				植物、动物及实验、矿物及实验、生理卫生学
	物理			8			物理学、物理实验
	化学				8	8	无机化学、有机化学、化学定性、定量分析法、矿物化学、实验

续表

学科		每学年每周授课钟点					内容
		第一年	第二年	第三年	第四年	第五年	
主课	读经讲经	10	10	10	10	10	《春秋左氏传》《易经》，每日约200字
	中国文学	7	7	7	7	7	读文、作文、习字
	外国语	6	6	6	6	6	读法、会话、习字、文法
	历史	3	3	3	3	3	中国史、亚洲各国史、外国史
	地理	3	3	2	2	2	中国地理、外国地理
通习	修身	1	1	1	1	1	择达五科遗规、读有益风化之古诗赋
	算学	3	3	3	3	3	算数、代数、几何、三角
	博物	1	1				植物学、动物学
	物理、化学			2	2	2	物理学、无机化学、有机化学
	法制、理财			1	1	1	法制大意、理财通论
	图画	1	1	1	1		自在画、用器画
	体操	2	2	2	2	2	柔软体操、兵式体操

真爱求索

（1912—1949）

民国初年，南宁府中学堂改名为南宁府中学校，在近代杰出教育家雷沛鸿等人的领导下，办学日趋规范。新桂系在广西执政期间，比较注重发展教育事业，新桂系和以雷沛鸿为首的广西教育人士从实际出发，制定了切实可行的发展广西国民基础教育的工作思路，即以教育工作者大众化、中国化为方针，以爱国精神为灵魂，以生产教育和人格教育为内容，采取了一系列措施加以推进，取得了一定成效，培养了一批人才，为推动当时广西经济社会

南宁府中学校首任校长——雷沛鸿

的发展起到促进作用。学校在这个内忧外患的特殊历史时期办学，始终艰难前行，为躲避战乱，辗转多地办学，颠沛流离，学校火种始终不曾熄灭。一批共产党人和进步爱国师生始终坚定革命信念，追求真理，坚持爱国求真传统，大批师生前赴后继，投身艰苦卓绝的新民主主义革命，参加广西学生军及有关抗日活动，拼死抗击日寇，反抗国民党统治集团的黑暗统治，他们中很多人献出了宝贵的生命。1949年，新中国成立，学校的发展开启了新的篇章。

一、艰难且前行，办学趋规范

1912年1月1日，中华民国诞生。

1912年，为了适应新文化潮流，南宁府中学堂改名为南宁府中学校，学制四年，由我国现代著名教育家雷沛鸿先生担任第一任校长，随后雷沛鸿先生留学英国。

1913年，南宁府中学校改名为南宁中学校，朱锡昂先生担任校长。校长主持校务，下设学监、舍监、文牍、会计、庶务。

1917年9月，广西省省长李静诚命令将南宁中学校改为省立，并由政府拨辅助费，学校由民生码头搬迁到仓西门大街乌龙寺并更名为广西省立第一中学校（简称广西省立一中），杭玉华任校长。

广西省立第一中学校校门

广西省立第一中学校校园全景

17

大礼堂

教学楼

教职员与学生比赛

学生在图书馆借书

第一宿舍

童军部

学生课外生活

学生会成员办公

二、觉悟共成长，爱国赴革命

1919年5月4日，五四运动爆发。五四运动中，学生雷荣璞（雷经天）任南宁学生联合会会长。他曾参与组织有3万多人参加的广西国民大会，声援北京学生反帝反封建的爱国运动。

1921年，杭玉华校长离职后，雷荣甲接任校长。

1923年9月，学制由四年制改为三年制。

1925—1926年，中共广西地方组织相继派出共产党员陈勉恕、雷天壮等同志到广西省立一中任校长。陈勉恕秘密筹建中共南宁地方组织，1926年二三月间，中共梧州地委先后派罗如川、李省群到南宁协助陈勉恕工作，建立南宁最早的中共地方组织。从此，广西省立一中的学生运动蓬勃开展起来。

1927年，大革命失败后，白色恐怖笼罩着整个中国。广西省立一中的政治空气也非常沉闷，但党组织的活动在学校一直没有间断：广西省立一中不少进步学生积极参加党组织的活动，声讨

雷荣璞（雷经天）

雷天壮

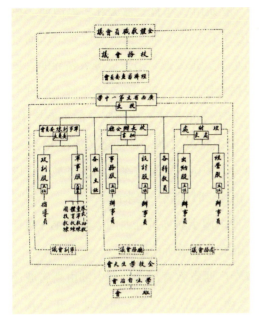

图 2-1 广西省立第一中学校机构示意图

图 2-2 广西省立第一中学校课程表

图 2-3 广西省立第一中学校校歌

蒋介石的反革命大屠杀；四一二反革命政变后，广西省立一中被捕的进步师生就有16人，先后壮烈牺牲的有雷沛涛、罗如川、邓哲、雷天壮、冯荫西、梁砥、卢宝贤、周国杰、何福谦等人。还有不少进步师生积极响应党组织的号召，到左（龙州）右（百色）江参加邓小平、张云逸、韦拔群等人领导的百色起义、龙州起义，为创立左右江革命根据地作出了贡献；更有不少师生随红七军北上，随后参加了土地革命战争和二万五千里长征，成为坚定的革命战士。中国人民解放军原装甲兵政治委员、开国中将莫文骅，百色起义领导人之一、中国共产党法治建设的创始人之一雷经天，中国人民解放军开国少将吴西，以及冼静娴、韦佩珠、杨赐璋等同志都是在这一时期成长起来的。

1928年初，学校新校址落成，学校便由南宁城内的仓西门大街乌龙寺搬迁到城外高庙坡新校址（即今新民路南宁市第二中学所在地）。

1928年8月，广西省立第一中学校奉广西省教育厅令，高中部由高庙坡迁往广西省立第三师范学校所在地（即今南宁市第五中学华强校址）并与其合并，改称广西省立第一中学高级部。广西省立一中改名为广西省立第一中学初级部，校址仍设在高庙坡。1930年8月，滇军入桂，邕城被困，因学校在军事要区，被迫停办，1931年1月恢复上课。

1931年8月，奉广西省署令，广西省立第一中学高级部与广西省立第一中学初级部正式分校，成为两所独立的学校。广西省立第一中学高级部改称广西省立第一高级中学，蒋培英任校长。广西省立第一中学初级部改称广西省立第一初级中学，刘善继任校长。

三、赤血燃山河，抗战救国难

1931年9月18日，爆发震惊中外的九一八事变。

1935年8月，广西省政府命令邕宁县立初级中学和广西省立第一初级中学合并，改名为广西省立南宁初级中学（简称南宁初中），尹治出任校长。1935年春，南宁初中所有学生集中到原省立一中校址上课。由于战事紧张，1938年10月开始，南宁初中先后搬迁到宾阳、来宾、柳州、三江等地上课。直到1940年冬，日军撤出桂南，南宁初中搬回原址。1944年秋，南宁初中设高中部并改名为广西省立南宁中学。

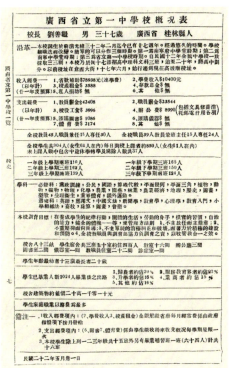

图2-4 广西省立第一中学校概况表（1933年）

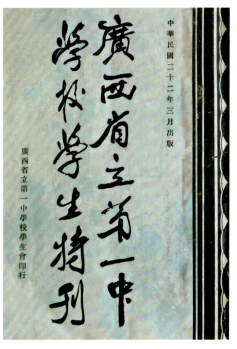

广西省立第一中学校学生特刊（1933年）

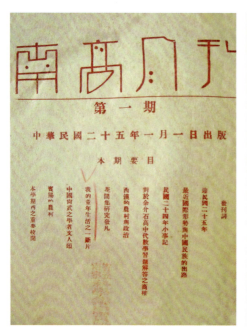

《南高月刊》创刊号面世

《南高期刊》创刊号面世

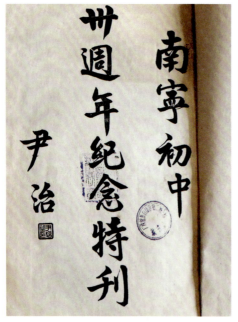

南宁初中卅周年纪念特刊

学校期刊宣传抗战

图 2-5　南宁高中校歌

1934 年 8 月，奉广西省政府命令，广西省立第一高级中学更名为广西省立南宁高级中学（简称南宁高中），校址仍设在原广西省立第三师范学校所在地，曾希颖、雷荣珂先后任校长。

1935 年 8 月 28 日，广西省教育代表大会在南宁举行，南宁高中校长雷荣珂与会，并与李任仁、雷沛鸿等当选理事，马君武、王公度等当选监事。1938年 9 月 20 日，南宁高中校长周天爵、级主任李克瀚代表学校，向省议会提交了《拟请省政府下年度通令全省中等学校遵照国立中学课程实施办法办理以适应抗战救国案》议案，阐明学校办学的社会责任（见 1938 年《广西省中等学校校长、级主任回忆录》记载）。1940 年，周天爵校长离职，黄公健、林增华等人先后出任南宁高中校长，学校恢复了军事训练和军事管制。

1939 年 11 月，日军第一次侵占南宁前夕，南宁高中奉省政府命令疏散到隆安县古潭乡马村。次年，南宁高中又紧急疏散至镇结县（今天等县）结安村。1940 年 7 月，因战事纷繁给养困难，经批准，南宁高中又从镇结县结安村迁往田阳县那坡圩（当时田阳县县政府所在地，今田阳区那坡镇）。

1940年12月南宁光复后，南宁高中按省政府回迁南宁令，于1941年2月由田阳县那坡圩迁回今南宁市植物路原广西省政府办公厅旧址复课。

1944年9月，日军第二次入侵广西，南宁高中校园再次沦为日寇军营。

广西省立南宁女子中学毕业证书（1938年）

11月，政府为保护青年学生的生命安全和保障学校教学任务的完成，命令南宁高中、南宁初中、南宁女中分别疏散至隆安县南墟乡发立村（今南墟镇发立村）、隆安县下颜乡（今雁江镇）、隆安县三宝乡（今南圩镇三宝村）等地办学。事后，广西省政府又命南宁高中、南宁初中、南宁女中合并成立广西省立第一联合中学，校址暂定在镇结县凤安乡福速村。林建勋出任广西省立第一联合中学校长，任期为1945—1946年。

1945年5月26日，南宁再次光复，广西省立第一联合中学迁回南宁高庙坡复课。

广西省立南宁女子中学师生合影（1942年）

广西省立第一中学校学生代表合影

广西省立第一中学校学生会成员合影

四、奋进迎朝阳，求真开新篇

1945年9月，抗日战争胜利后，中国朝着夺取新民主主义革命的全国性胜利前进。

1946年春，广西省立第一联合中学奉国民党桂系令，恢复南宁高中、南宁初中、南宁女中建制和名称，南宁高中留在高庙坡校址，刘震霖出任校长。

1946—1948年，随着解放战争的节节胜利，国民党桂系不仅对城镇居民控制得越来越严，而且派出大批军警对南宁高中、邕宁县第一中学、南宁师院的中共地下党员进行围捕，对进步师生的革命行动实行残酷的镇压。师生们在中共地方组织的领导下，仍坚持走上街头，开展反饥饿反内战运动，反对国民党的统治。不少师生还暗地里进行革命斗争和宣传中国共产党政策的活动，保护中共重要机关的安全，保护重要企业的财产。

南宁高中钢印

畢業證明書

學生黃定之係廣西省田陽縣人現年拾捌歲在本校第五八班修業期滿參加畢業考試成績及格准予畢業惟畢業證書尚未製就合先發給證明書以資證明此證

廣西省立南寧高級中學校長黃其芹

中華民國三十拾年　　月

廣西省立南宁高级中学毕业证明书

广西省立南宁高中第33班结业留影纪念

广西省立南宁高中结业留念

真爱发展

（1949—1977）

　　1949年，刚成立的新中国一穷二白、百废待兴，急需大量建设人才。学校师生积极投身建设祖国的热潮。1950年朝鲜内战爆发，学校学生响应党的号召，踊跃参加中国人民志愿军。1951年，广西成立广西革命大学培养干部，学校学生积极参培。同年，学校学生还投身轰轰烈烈的土地改革运动。

　　1954年，学校迁址至埌边村，新校区建设还不完善，条件艰苦，迁址后又遭遇1959—1961年经济困难时期，全

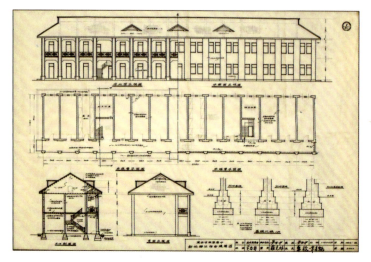

南宁高中新校区学生宿舍建筑图（1951年）

校师生自觉挑起建校重担，自力更生，共渡难关。

1960年，大批印度尼西亚华侨归国，在极其艰苦的条件下，学校设立两个华侨班并悉心培养华侨子弟。

1966年，"文化大革命"爆发，学校办学受到冲击，部分学生经历了知识青年上山下乡运动等。

1976年，粉碎"四人帮"。1977年，全国恢复高考，学校立刻组织备考工作，并在恢复后的第一次高考中取得丰硕成果。

从新中国成立之初到"文化大革命"结束，历经风风雨雨，学校师生始终不忘初心，继承求真向善、爱国爱校、敦品力学的优良传统，坚定地走在广西教育的第一线。学校逐步走向成熟，并以昂扬的斗志和崭新的面貌迈向改革开放和社会主义现代化建设新时期。

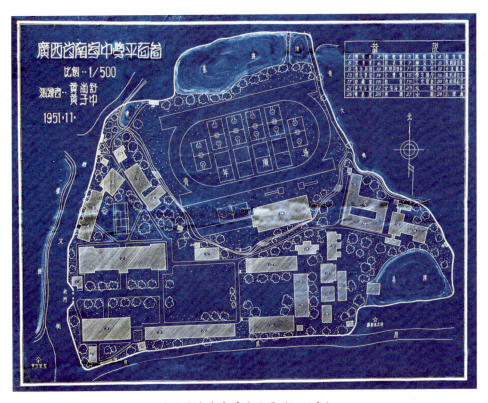

广西省南宁中学平面图（1951年）

一、神州涌春潮，英雄出少年

1949 年新中国成立，在革命胜利的鼓舞下，全国人民满怀热情地投入新中国的建设之中，学校师生也投身这股热潮之中。

1950 年朝鲜内战爆发，党中央号召有志青年参加中国人民志愿军，学校师生发扬爱国爱校的光荣传统，踊跃参军赴朝参战，保家卫国。

1951 年，为支持西部地区干部建设，广西成立广西革命大学培养干部，学校学生积极参培，至 1951 年底，共有曾慧龙、郭伯伦等 100 多名校友参军参培。

在轰轰烈烈的土地改革运动中也不乏学校师生的身影。这一时期，学校师生以极高的热忱参与祖国的各项建设事业，谱写了一曲为国奉献的青春赞歌。

南宁高中学生踊跃报名参加农村土地改革和城市民主改革运动（1951 年）

南宁高中师生到农村参加土地改革运动

欢送参加干部培养的同学并合影留念（1951年）

新民主主义青年团南宁中学总支委员会全体同志合影留念（1951年）

学校操场旁草地讨论会（1951年）

修建学校操场

在学校鱼塘边合影（1951年）

在学校青年广场合影

37

二、埌边矗新校，卓然名桂邕

1953年，鉴于南宁高中原址高庙坡地方狭窄，建筑简陋破旧，布局不合理，学校发展陷入窘境。广西省教育厅在百废待兴、教育经费左支右绌的情况下，决定兴建南宁高中新校舍，并一次性拨付60万元巨款。随后，由罗克林副校长会同时任南宁市副市长雷荣珂、省教育厅普教处处长高福桂开展选定校址、设计图纸、破土营建等工作。校址选定于埌边村的一块坡地上，南面青山，北面南湖。

1954年8月，南宁高中奉命迁校至埌边村。8月22日，广西省人民政府下文（原件存自治区档案局）在南宁高中原址高庙坡"增办广西省南宁初级中学一所"，并对南宁高中的有关事宜作了如下安排：

一、南宁高中另建校舍，秋季开学前"全部迁出"。

二、"南宁高中自下半年起专办高中，原有之初中八个班，拨归新办初级中学。"

三、"南宁高中搬迁时，仪器方面如是初中所用，而非高中所需者应留给该校。图书方面浅近的书刊和同本书而有数册者，亦应酌留一部分。"

四、"南宁高中原有之初中八个班的课桌椅、床架仍留该校，其他用具多余，亦应酌留一部分。"

五、"南宁高中原有初中八个班的教师，仍以跟班为原则，一般不动。"

8月23日，南宁市文教局下文，主送南宁高中和南宁二中，现照录全文如下：

关于南高迁址至埌边新校舍并在南高原址增办完全中学的决定

市人民政府文教局通知（54）秘字第174号

主送：南高　二中

抄送：（略）

正文：

为了有重点的发展中学教育，贯彻中央教育方针，我市根据上级指示，于埌边村兴建中学校舍一所，现全部工程即将完成。兹决定将南宁高中迁到埌边村新校舍，并在南高原址（经文街）增办完全中学一所，定名为"广西省南宁第二中学"。特此通知。

代局长　林静中

公元一九五四年八月二十三日

（注：原件存南宁市档案馆）

接到通知后，南宁高中随即迁往埌边村新校舍（即今青山路5号南宁三中所在地），并在新校舍挂"广西省南宁高级中学"校牌，将高庙坡南宁高中原址交付定名为"广西省南宁第二中学"的新增办的完全中学使用，同时又将南宁高中初中部1952级的学生和老师以及部分仪器、图书、课桌等设备一应拨归该校。

1954年春夏间，岳平因工作原因辞去校长职务，由时任南宁市委宣传部部长粟稔接任校长一职，刘德禄任学校党支部书记。

暑假后，方宏誉自南宁一中奉调接任南宁高中校长。

同年新校舍建成后，学校自此屹立于青山之下、南湖之畔，聚湖山之灵气，润泽千万学子。

1955年2月7日，方宏誉在埌边村南宁高中竹棚礼堂宣读上级指示。南宁高中更名为"广西省南宁第三中学"，并于该年2月12日在《广西时报》上登载《南宁高中更改校名启事》。全文照录如下：

南宁高中毕业证书（1954年）

南宁高中更改

校名启事

我校奉命更改校名为"广西省南宁第三中学"，自本年二月七日起启用新校印，即日起制就蓝底红字文曰："广西南宁第三中学"布质襟章发给学生佩用，同日将学生佩用的黄底红字文曰："南宁高中"布质襟章作废。

南宁高中布质襟章

　　迁校初期，校舍待建，设施不全，条件极其艰苦，然众师生自觉挑起建校之重担，修操场、建花圃，不断完善校园建设。面对严重经济困难，师生们开荒拓业，开辟劳动基地，植粮种菜，自力更生，改善生活，共渡难关。学校一直秉承南宁高中求真向善、爱国爱校、敦品力学之优良传统，急国家之所难。

　　20世纪50年代后期，不少国际友人到校访问交流，增进了相互了解。

南宁高中54班师生劳动合影

《人民日报》刊发文章《力争做个优秀的高中毕业生》，
对南宁高中54班的学习和就业态度进行了报道

南宁高中师生在南宁市人民公园参加军民联欢会（1953年）

20世纪五六十年代南宁高中学生参加军训

南宁高中党支部书记
刘德禄在入党宣誓大
会上讲话（1954年）

南宁高中党支部举行
入党宣誓大会。图为
学生党员进行入党宣
誓（1954年）

中华人民共和国成立
后南宁高中第一批学
生党员合影（1955年）

南宁高中排球男队合影（1953年）

南宁高中排球女队合影（1953年）

校长粟稔在南宁高中运动会上讲话（1954年）

南宁三中参加广西省田径运动会的运动员合影（1957年）

何蕴诚校友在广西省田径运动会上破
广西铁饼项目纪录的英姿（1957年）

邕宁区教育代表团到南宁三中参观硫酸车间，吴献璃老师介绍生产情况（1958年）

机修车间劳作场景（1958年）

学生在砖厂做砖浆
（1959年）

氨水车间内老师指导学生生产氨水（1958年）

学生在砖厂打砖（1959年）

搭建瓜棚

培育水稻

收割蔬菜

国际友人到校参观（1957年）

校长罗克林（右一）接待国际友人来校参观（1958年）

1960年，印度尼西亚当局排华，学校接收了来自印度尼西亚两个班共100多人的华侨学生及9位华侨老师。这批华侨学生得到了南宁三中的悉心照顾，成长成才，他们始终眷恋

南宁三中华侨班部分女生合影

南宁三中华侨班部分女生合影

50

着母校。

　　1963年，学校被自治区确定为第一批重点办好的学校之一，在南宁三中的办学历史上留下了珍贵的一笔。

南宁三中高三华侨班全体同学毕业合影（1961年）

南宁三中华侨班学生郊游合影

学生宿舍（1963年）（陈代煊　供图）

学校花圃（1963年）（陈代煊　供图）

学校荷塘（1963年）（陈代煊　供图）

学校图书馆（1964年）（陈代煊　供图）

三、沉舟千帆起，万木向黎明

1966—1976年，中国经历了"文化大革命"十年动乱，学校被打成"修正主义的黑样板"，教学秩序被彻底打乱。在这样的历史背景下，南宁三中学生组建了文艺宣传队，开展了革命歌曲演唱比赛、校园话剧演出等大量文艺活动。

1966年，毛泽东发出"五七指示"，号召知识青年学工学农学军。学校开门办学，组织学生在实践中学习。南宁三中学生秉承求真向善的传统理想信念学习劳作。

1977年，"文化大革命"后第一次恢复高考，学校一批学生报名参加，几十名学生考上了大学。

1978年，学校集中教学力量，辅导学生参加高考，考生人数和考上大学的人数比上一年大幅度增加。

南宁三中高69级参加野营拉练合影（1971年）

南宁三中宣传队演出

南宁三中文艺班演出（1975年）

学生文艺演出

南宁三中初73级女生经过旧图书馆（1975年）

南宁三中学生在水塔前合影（20世纪70年代）

南宁三中高75级（1）班毕业合影

真爱和谐

(1978—2011)

"文化大革命"结束后,全国恢复高考,我国教育事业蓬勃发展,南宁三中与时俱进,提出了"真·爱"教育办学思想,形成"德育为先,文理并重,崇尚一流"的鲜明办学特色,学校发展突飞猛进,跻身中国名校行列。

一、雨过琴书润,风来翰墨香

1978年党的十一届三中全会召开,全国各项事业走上了快速发展的轨道。教育教学受到重视,南宁三中被恢复为自治区重点高中。

1978—1984年,冯宗异、林恩材先后任南宁三中校长,他们采取卓有成效的措施,使学校教学秩序迅速恢复正常,学校工作逐步走上正轨。

1981年,学校被自治区教育厅确定为自治区首先办好的重点中学。

1982年初,南宁三中初79(1)班被共青团中央、教育部评为全国"三好"先进集体。

南宁三中恢复为自治区重点高中后的第一届高中毕业生在1980年高考中成绩辉煌。
图为第一届文科班学生合影（1980年）

南宁三中初中毕业生获1981年中考全市总分第一名。图为初78（1）班学生合影（1981年）

时任南宁三中校长冯宗昇（右一）在82周年校庆
与返校校友亲切交谈（1979年）

82周年校庆，校友在学校大门留影（1979年）

82周年校庆，毕业学生看望老教师（1979年）

82周年校庆校友席（1979年）

南宁三中恢复为自治区重点高中后的首届毕业班全体教师合影（1980 年）

生物老师邓守溪（左一）指导学生在防空洞培植凤尾菇（1982 年）

阳明熙老师（第三排右二）被评为南宁市模范教师（1979年）

学校获南宁市体操比赛第一名（1982年）

自治区第五届运动会南宁三中代表队（1982年）

南宁三中初79（1）班合影

南宁三中初79（1）班学生在上课

南宁三中初79（1）班天文小组在观察夜空

1984年，洪中信校长上任，他提出"勤奋学习，立志报国"的校训，把"从严律己、求实存真"确立为校风，改变教师以教研组办公的方式，实行以年级组办公的制度，采取"分类指导、分层推进，面向全体、全面提高"的"两全两分"的教学措施，使"面向全体"成为南宁三中的课堂教学理念。

与此同时，在洪中信校长的决策下，学校抓住机遇，在全区率先集资办学，走出了重点中学办学经费短缺的困境；投入20万元兴建32套70平方米两房一厅教工住宅，开办学校米粉店，解决了教职工家属的就业问题。

1985年，学校开始进行课程教材改革探索，除国家教学计划规定开设的课程外，新开设了计算机、无线电技术、实用化学、英语口语、图书馆知识、书法与美术基础、航模理论与制作等七门选修课程，编写适合选修课使用的校本教材，组织学生参加全国中学生数学竞赛、物理竞赛等各级各类比赛并获得不俗成绩。

同年，学校筹措25万元建设24套90平方米三房两厅教工住宅，投入20万元翻修田径运动场。学校老师带着学生在新的田径运动场训练，在各项竞技比赛中取得亮眼成绩。

88周年校庆，1955届校友吴卓贵、谢正暄、蓝直荣、苏兆康、刘馥娇、周月英等人发起、筹备和成立"南宁高中——南宁三中校友总会"。

南宁市领导在首个教师节来临之际到校慰问（1985年）

南宁三中举办庆祝首个教师节暨表彰大会（1985年）

首个教师节高52级、53级留邕校友回校祝贺并合影（1985年）

新老班主任结对子会

生物老师指导学生养鱼

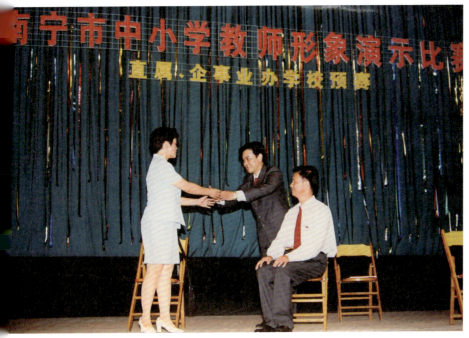

南宁三中教师参加南宁市中小学教师形象演示比赛

物理组教师进行教学研讨活动

南宁三中代表队在自治区中学基层田径赛中获团体总分第一名。图为部分队员合影（1985年）

南宁三中男子足球队在全市第二届中学生运动会足球比赛中夺冠。图为足球队队员合影（1985年）

1986年，"南宁高中——南宁三中校友总会"正式挂牌成立，历任校长方管、李耿、岳平、方宏誉、莫自煜、罗克林、冯宗昪、林恩材等任名誉会长，时任校长洪中信任会长，韦家润、刘德禄、范群英、区怀祖为副会长，宋达信任秘书长。

同年，学校开办"文化大革命"以后的首个学生党章学习班，首次实行校团委、校学生会干部竞选制。

同年，学校筹措30多万元启动资金，在第三、五栋平房原址上建设24套90平方米三房两厅住宅楼，在第四、六、七、八栋平房原址上建设48套90平方米三房两厅住宅楼。

1987年4月，全区首次开展特级教师评定工作。到1992年，南宁三中共有7名特级教师：阳明熙、洪中信、蒋祖龙、刘威、朱启毅、黄兰芳、杨立力。同年，实验楼竣工落成；投入100多万元兴建游泳池及其附属设施。

学校领导在商讨工作

南宁三中参加全国高中物理竞赛获奖者合影

南宁三中参加全国高中数学竞赛获奖者合影

南宁三中在全市中小学航模比赛中荣获团体一等奖

南宁三中初 85（1）班参加南宁市初中智力竞赛获一等奖

90周年校庆现场（1987年）

90周年校庆。图为时任校长
洪中信（前排左一）搀扶
黄尚钦老校长退场（1987年）

南宁三中原校长林恩材（左一）
参加90周年校庆庆典（1987年）

90周年校庆。图为校友送来贺信（1987年）

化学特级教师蒋祖龙（前排右二）

数学特级教师阳明熙（右二）

地理特级教师洪中信

物理特级教师刘威（左一）

语文特级教师黄兰芳

物理特级教师朱启毅

欢笑声里话当年

南宁晚报
86年
9月
16日

暑假中的南宁三中校园，高考中榜学生清脆的笑声刚刚消失，又传来了原高五十四班学生的笑声，他们正在给原主任、现学校教导处督导员刘文强老师祝贺他从事教育工作三十年。有的是校长，有的是讲师、医生。为了庆贺刘老师的寿辰，他们有的来自南部边陲，有的来自北国的哈尔滨。

王靖环是哈尔滨种子公司的农艺师，他给刘老师献的寿礼上写着"一日为师，终身为父"。桃李芬芳永世清香。当她从二中考上高中时，不爱学习，但犯过错误，班上的同学不喜欢她，她自己也泄了气。刘老师多次找他谈心，鼓励他改正错误，学好知识为人民作贡献。后来王靖环转学到了哈尔滨，为了工作，努力学习，开始时学习并不错，但...

他不忘刘老师炽热的育桃情，努力工作，他培育北方西瓜良种，他多次放弃过春节，去海南岛抢季育种。如今，刘老师播种的桃李终于在北国大地结出了累累硕果。

"刘老师，我也给你带来了一份寿礼"。说话的是南宁电厂一个叫字清晰的女同志声音。

酒杯共举，糖炮齐鸣，刘老师望着张笑脸，人未醉心已醉。

本报记者 宋晓东

南宁三中高54班校友在"文化大革命"结束后首次带家人回校。
图为《南宁晚报》报道及回校校友与家人合影留念（1986年）

学校创办新蕾艺术节。图为评委们为参赛者打分（1986年）

学生文艺演出

"废物变宝"创意活动

1993年，学校筹措140多万元兴建400米标准田径运动场，确定了创办全区一流示范性学校的战略目标，为广西示范性高中的成功申报奠定了坚实基础。

1994年，学校为全校教职工安装电话分机，第七、八栋职工宿舍楼竣工并通过验收，新体育场落成典礼暨第二十届校运会开幕式顺利举行。

同年，黄绍琦副校长参加原国家教委中学校长培训班学习，受到时任国务院副总理李岚清接见。

1995年，学校筹措100万元作为启动资金，开始建设学校办公楼；建成学校篮球场和排球场。

自治区及南宁市领导在教师节到来之际到校慰问教师（1991年）

95周年校庆现场（1992年）

校长洪中信在95周年校庆上
讲话（1992年）

95周年校庆校友席（1992年）

1996年，学校进行办学体制改革试点，在全区率先创办公有民办性质的南宁市三美学校（简称三美学校），推动了全区教育体制的改革。

同年，学校办公楼建成投入使用。邵逸夫先生捐助80万元港币开工兴建南宁三中逸夫体育馆。

原国家教委副主任何东昌（左）为南宁三中题词（1996年）

邵逸夫捐助的体育馆开工仪式现场（1996年）

1997年，邓敏任校长，充分挖掘学校100年悠久办学历史，提出了"真·爱"教育的办学思想，在教师培训、教学改革、学校管理上进行全面探索实践，学校教学质量稳步提升，校园各项基础设施不断完善，使学校成为引领广西基础教育的窗口学校。

同年，陆志隆兼任三美学校校长，在新址动工兴建三美学校；南宁三中逸夫体育馆落成。

同年，第二届校友总会成立并召开第一次理事会，王堂雄任秘书长，彭蕾蕾任副秘书长，筹备百年校庆。

同年10月2日，学校举行建校100周年庆典活动，4000多名校友回到母校参加庆典活动。自治区原主席韦纯束、原校长方管等嘉宾到场祝贺。方管在大会上代表历届校长发表了演讲，南宁市委、市人民政府有关负责同志发表祝词，朱焱副秘书长代表自治区党委、自治区人民政府致贺词，中国工程院院士李京文校友专门为建校100周年庆典发来传真。

自治区原主席韦纯束（前排左二）参加南宁三中百年庆典。图为韦纯束参观校园（1997年）

校长洪中信在100周年校庆上讲话（1997年）

原校长方管（前排右一）回校参加100周年校庆（1997年）

100周年校庆期间，校友参观校史展览（1997年）

100周年校庆表演场景（1997年）

学生向英模徐洪刚学习（1993年）

第一支大型管乐队在表演（19

师生参加迎香港回归庆祝活动（1997年）

1998年，《方圆天地》创刊，邓敏校长任主编并撰写创刊词。刊名寓意：方是做人要有原则性，以示灵魂；圆是做事要有灵活性、有能力、有情感、有机智，以示魅力。外圆内方，一切顺利；方圆归一，万事如意。

1999年，学校尝试进行教育教学管理体制改革，在高一、初一年级和职工队伍中试行聘用制，实行定岗定编、双向选择、竞争上岗、择优录取的用人制度改革。

同年，学校离退休党支部建立。

同年，学校集资建成49套教师住房，重新分配58套空房，为107户教职工解决住房的问题。完成了供水改造工程（不再使用水塔），解决了学生宿舍水压不足的老问题。改造了旧足球场，建成中心花园和网球场。三美学校教学综合楼建成。

校刊《方圆天地》获评首届全国校报校刊一等奖

三美学校首届毕业班初 96（6）班师生合影（1999 年）

三美学校学生做课间操

教工食堂（1995年以前）

大礼堂（1998年以前）

图书馆（2000年以前）

教学楼（2002年以前）

随着改革开放不断深化，在国家、自治区及南宁市有关部门的支持下，学校广泛开展各项国际交流活动。此外，学校还多次组织教师到区内外中学进行考察，学习先进经验，引入优秀外籍教师到校任教。

校长林恩材随中国中学校长考察团到澳大利亚参观考察（1984年）

94

校长洪中信（左一）一行参观英国伦敦达尔文中学（1990年）

南宁三中初91班覃宁宁应日本福田县春江教育委员会的邀请，
赴日访问并举办个人画展。春江小学五年级（1）班与南宁三
中初91班建立了友好班级联系。图为覃宁宁作画（1990年）

澳大利亚教育代表团到校访问（1996年）

学校学生与到访的国际友人进行篮球友谊赛并合影

David White，英国人，1988—1990
年在南宁三中任教

Allan，荷兰人，1990—1991
年在南宁三中任教

M.Julia Justham，英国人，1991—
1992年在南宁三中任教

部分教师到华南师范大学附属中学考察

校长洪中信（后排右一）带领部分教师到
南京师范学院附属中学考察（1984年）

部分教师到柳州高中考察

部分教师到桂林中学考察

部分教师到昆明第三中学考察

二、高怀见韬略，真爱显和谐

进入 21 世纪，学校迎来了前所未有的发展机遇。

2001 年 3 月，方洁玲担任校长，继承"保国爱生，求真向善"的办学传统，借鉴国内外先进学校的办学成果，在 2002 年 9 月全校教职工大会上诠释了"真·爱"教育的理论和内涵，提出了打造"德育为先，文理并重，崇尚一流"的办学特色。学校逐步从制度管理迈向文化管理，打造了一支高素质的教师队伍。奥赛水平快速提升，高考成绩跃居前茅，科研工作日益受到重视，国（境）内外教育交流频繁。实践型德育模式初显雏形，学生的个性特长及综合素质得到充分发展，得到教育部原部长陈至立的高度评价。

时任校长方洁玲　　　　　时任党总支书记曾沸潮

时任教育部部长陈至立
（左三）为南宁三中题词

全国政协委员到校考察

国家语言文字工作委员
会专家到校考察

时任自治区党委副书记马庆生（后排中）到校考察

时任自治区副主席吴恒（前排中）到校指导安全工作

时任自治区党委副书记李纪恒（前排右一）到校考察

时任南宁市委副书记、南宁市市长林国强（前排中）到校考察

南宁三中高三党支部发展学生入党大会

南宁三中五四入团仪式

南宁三中开学典礼

南宁三中毕业典礼

学校组织学生开展"手拉手"活动

参观凭祥市法卡山爱国主义教育基地

学生到武鸣区南宁三中劳动实践基地劳动

学生在崇左市观察白头叶猴

成人宣誓仪式

诚信考场

值周班打扫卫生

图书馆阅览室一览

军训打靶

2001年12月31日，学校首次举办师生同乐元旦通宵欢庆活动，此项活动更好地丰富了校园文化生活，成为校园生活一道亮丽的风景线。

2002年9月，学校利用900万元国债项目，把原来五栋两层旧教学楼推倒，新建了五栋四层教学楼，共60间教室。其间，学校克服过渡时期里教育教学上、师生生活上存在的诸多困难，租用广西水产畜牧学校教室和宿舍给学生使用。2003年7月8日，教学楼竣工建成后，9月份秋季学期便投入使用。12月，南宁三中学生公寓竣工落成，学生入住新公寓。

2003年，校友基金会首次创立贫困生基金，每年拿出13万元资助贫困学生上大学，每位贫困学生获得4000元资助。同年9月，学校新图书馆建成投入使用。

2004年，学校召开第三届教职工代表大会第四次会议，讨论通过了《南宁三中人事制度改革总体方案》《南宁三中人员聘用制度管理实施办法》《南宁三中岗位设置方案》《南宁三中工作人员竞争上岗方案》《南宁三中未聘人员安置管理办法》《南宁三中工资分配制度改革方案》。同年9月6日，学校投入1411万元新建科学艺术楼。科学艺术楼占地面积2911平方米，建筑面积10900平方米，含共能容纳810人的3个阶梯教室。2005年12月，科学艺术楼竣工。

2006年，三美学校主体工程完工后正式搬迁到新校址办学，并举行了迁校揭牌仪式，黄绍琦出任三美学校校长。

南宁市三美学校
迁校揭牌仪式

元旦文艺晚会

元旦跨年活动之小吃一条街

元旦跨年活动之许愿墙

2007年，学校第一次作为高考考点，共设20个高考考场，64名教职工参加高考考点工作。

同年9月，动工改造建设学校体育场。

同年10月23日上午，学校在国学园举行了孔子塑像揭幕仪式。此孔子雕像由北京新奥梦园林景观设计工作室设计，高3米，重1吨，用航空树脂材料精心制作而成。该雕像与旁边的曲水流殇景点、著名文学家暨原校长方管的书卷雕像、古色古香的校史馆及碧草秀竹等相得益彰，浑然一体。

青山校区校园全景

国学园——由读书圆雕、孔子像和曲水流觞构成，其中点缀着象征
"虚心有节"的翠竹和凌寒不凋的松柏，寄寓国学传承必须德学兼具

办公大楼

新教学楼及广场

图书馆

逸夫体育馆

2007年10月26日上午，学校举行校史馆开馆仪式。同日下午，南宁三中科技馆正式开馆，这是当时广西所有中学中第一所现代化、综合性的科技馆。

2007年11月3日上午，学校在校内逸夫体育馆举行建校110周年华诞庆典活动。

南宁三中校史馆开馆仪式（2007年）

南宁三中校友参加建校110周年华诞庆典活动。图为校友捐赠碑揭幕（2007年）

　　2008年，学校"学科竞赛教练制"启动，学科竞赛成为学校重点打造工程。

　　2009年，南宁三中体育场落成典礼暨2009年阳光体育活动启动仪式启动。这座总投资750万余元的体育场按照承办全国性中学生运动会的标准建设，占地面积19742平方米，建筑占地面积3063平方米，总座位数5770个。

　　同年11月，经过充分、深入的讨论后，学校正式把校训恢复为"敦品力学"。

网球场和篮球场

2011年11月，学校举办了第三十七届校运会。开幕式上，各班学生依次走进体育场，以意气风发、朝气蓬勃的姿态闪亮登场。方阵表演时，各班学生分别向在场观众展示了与众不同的青春风采。闭幕式上，自发的绕场环跑、高潮迭起的人浪传递，让所有在场的师生和家长深为感叹。

11月20日，《中国青年报》第二版以《开幕式上玩一把》为题报道学校校运会并配了3张大图，表示"创意方阵亮点迭出"。随后，学校校运会盛况被全国各主流网站、报纸广泛转载和报道，引起社会关注。

体育场

校运会开幕式上的表演方阵

2005南宁国际民歌艺术节之三中歌台

主持人大赛

校园电视台现场直播

南宁三中舞蹈《天琴世代有传人》参加全国中小学艺术节获一等奖

学生吴宇飞参加全国"讲公德守法纪"演讲比赛获一等奖

学生甘以理成为一名光荣的奥运火炬传递手

南宁三中啦啦操队挺进世界锦标赛决赛

教师谢朝杰（右）、胡悦（左）、黄桂毅（中）从南宁出发，骑车到海南旅行，历时8天，
途经11个城市，骑行数百公里。图为3人在海南博鳌合影（2007年）

学校退休教师合唱队在庆祝中国共产党成立80周年歌咏比赛中荣获一等奖。图为合唱队与原校长冯宗昇（前排右七）、时任校长方洁玲（前排右八）合影（2001年）

学校离退休党支部党员到昆仑关开展党日活动（2005年）

学校离退休党支部被评为南宁市先进离退休党支部（2005年）

学校退休教师冯宗异（中）、宋达信（左）、罗永屏（右）获评南宁市老干部先进个人

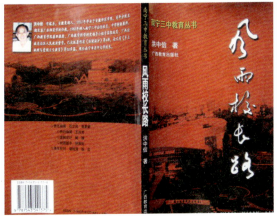

洪中信，南宁三中原校长，退休后著《风雨校长路》一书，全面展示其担任校长13年间学校的办学历程和成就

黄蔚君，语文教师，退休后编写语文教辅书十余本

梁廷扬，英语教师，退休后十年编写自治区通用英语教辅书十余册

郭先安，语文教师，退休后
总结自己的人生经历和感
悟，出版了4本书

罗永屏，政治教师，退休后连续6年捐助贫困儿童
上学，已帮助11位儿童完成义务教育阶段学业

　　21世纪以来，澳大利亚、美国、英国、加拿大、越南等10多个国家和中国香港、澳门、台湾地区的一些知名学校和教育团体到校访问，加强了文化交流，增进了友谊和相互了解。学校也有部分教师到境外访问，展现了风采。

台北市教育参访团到校交流（2007年）

韩国青年代表团到校访问（2008年）

澳门中学代表团到校交流

美国圣路易斯大学学生到校交流（2008年）

加拿大维多利亚市友好特使代表团到校交流（2009年）

澳大利亚本迪戈高中校长（前排中）到校访问

真爱腾飞

（2012—2022）

百廿年风雨兼程，双甲子风华岁月。在追寻知识，追求真理，实现中华民族伟大复兴的道路上，南宁三中人始终不曾停止脚步。学校领导班子精心谋划，精准发力，学校各项工作蒸蒸日上。

一、时代开新篇，绘就新蓝图

2012 年 6 月，黄幼岩校长上任，带领班子与时俱进、锐意进取，面对新一轮高中课程改革，把立德树人作为学校的根本任务，全力打造"实践—体验—引导—升华"实践型德育模式，使这一模式育人功能日益凸显。在教育管理上，倡导实证研究、精准管理，促进学校管理水平和教学质量的全面提升。

校长黄幼岩讲话（2012 年）

学校荣获全市组织系统讲党性重品行作表率先进集体（2013 年）

2012 年，学校举行了建校 115 周年庆典大会。

同年，中共南宁三中委员会党员大会选举产生的纪律检查委员会召开第一次全体会议。

2013 年，学校与凤凰教育进行战略合作签约仪式，拟共同设立"南宁三中凤凰国际教育中心"。

2014 年，学校国际部正式成立。

中共南宁三中委员会换届选举暨纪委成立大会（2012 年）

115周年校庆场景（2012年）

115周年校庆场景（2012年）

115周年校庆晚会场景（2012年）

南宁三中与凤凰教育进行战略合作签约仪式（2013年）

南宁三中与凤凰教育进行战略合作并在签约仪式后合影（2013年）

南宁三中国际部2014年开学典礼

香港天水围香岛中学考察团到校交流学习（2013年）

加拿大驻广州总领事到校访问交流（2014年）

二、科研创新局，变革新发展

　　2015年2月，黄河清担任南宁三中校长，坚持将学校管理从行政推进转向学术引领，致力打造"师德高尚，学术拔尖"的教师队伍，创新构建了以"三核心"为推动力的教师专业化发展模式，构建"真·爱"特色九大课程育人体系，开发教师、学生课程310多门，践行实践型德育模式，全面提升学生爱国情怀和综合素养，教学改革不断取得新突破，教育成果领跑广西，引领学校发展不断实现新跨越。至2017年，南宁三中已经发展为以青山校区为中心，南宁三中五象校区、初中部青秀校区、初中部五象校区、南宁市三美学校多校区齐头并进，加之设计中的南宁市三美银海学校（今南宁市银海三雅学校），拟以南宁三中优质品牌为基础，努力开拓国际化办学新渠道，致力打造新型的教育集团，在国际化教育、民办教育、品牌输出等方面闯出一条新路，为南宁三中可持续发展，扩大南宁市优质教育资源、实现优质教育均衡化和普及化、办好人民满意的教育打下坚实的基础。

学校大力推进集团化办学，积极探索基础教育集团化办学新模式，高质量地建设了南宁三中五象校区、初中部青秀校区、初中部五象校区。图为南宁三中五象校区教师合影（2016年）

南宁三中五象校区开学典礼（2016年）

南宁三中初中部青秀校区揭牌仪式（2016年）

南宁三中初中部五象校区开学典礼（2017年）

2016年，南宁威宁集团按程序负责组织学校"第二食堂小卖部出租项目"的公开招投标，历经42轮竞价后，项目最终以年租金173万元成交。

同年9月1日，南宁三中五象校区、初中部青秀校区正式启用并顺利开学，标志着南宁三中由1个校区正式进入3个校区齐头并进的发展时期（注：南宁三中初中部五象校区2017年秋季学期启用并顺利开学）。

2017年，学校某校友设立"三中金道"专项基金并向母校捐赠1200万元人民币。该基金用于奖励南宁三中优秀老师、班主任，促进母校教育事业发展。

同年11月18日，南宁三中举行120周年华诞校庆庆典。

2020年，受新冠疫情的影响，中小学校无法正常复课，学校语文、数学、英语、物理、化学、道德与法治、历史、音乐、体育9个学科，共27位老师主动承担广西中小学"空中课堂"优秀课例的录制工作，向社会呈现了36节内容丰富、形式多样的网络课程。

学校致力打造一支爱岗敬业，以学术素养和人文精神见长的教师队伍，涌现了一大批在全国、全区有影响的名师。每年评选出的"我最喜爱的教师"成为全校教师的楷模。图为南宁三中2015—2016年度"我最喜爱的教师""我最喜爱的班主任"颁奖晚会获奖教师合影

学校党委荣获自治区先进基层党组织（2016年）

学校组织参观广西南宁市反腐倡廉警示教育馆（2017年）

学校团委开展"不忘初心，永远跟党走"——庆祝建团95周年青年教师拓展活动（2017年）

教师到延安培训并合影留念（2016 年）

英语组教师开展多校区联合教研活动并合影（2017 年）

"青蓝工程"拜师仪式（2017年）

教师开展高考备考工作研讨

国家级教学成果奖奖章　　　　　　　　　　国家级教学成果奖证书

南宁三中青山校区部分科研成果

广西教育科学"十二五"规划课题
（数学学科）结题证书（2017 年）

广西教育科学"十二五"规划课题
（英语学科）结题证书（2017 年）

校本系列教材

时任校长黄河清的专
著——《高中数学"问
题导学"教学法》

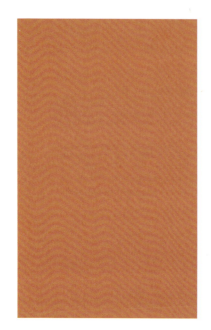

全体教职工大会（2020年）

高一全体教师大会。图为时任校党委书记韦屏山分享教学经验（2020年）

南宁三中青山校区新老高三交接大会（2020年）

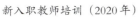

新入职教师培训（2020年）

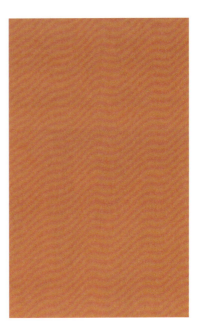

清华大学专家到校举办
讲座（2016年）

2016级高一新生军训
动员大会

高考壮行活动（2016年）

学校 2017 届成人礼暨百日冲刺动员大会场景

图为学生参加学校 2017 届成人礼仪式情景

高中生涯规划讲座（2017年）

"铭记历史，缅怀先烈"——南宁三中国家公祭日悼念活动合影（2017年）

梁毅副校长带领初中部五象校区学生跑操（2017年）

南宁市三美学校2015级"阳光八月·边走边学"研学旅行合影（2017年）

南宁三中第二课堂——交响乐欣赏。图为音乐会场景（2017年）

金莺辩论赛决赛现场

校园合唱大赛

152

急救知识进校园讲座（2020年）

社团招新表演现场（2020年）

南宁三中高一（7）班组织开展爱国主义教育主题班会活动（2020年）

杨泰金老师到对口扶贫支教学校做讲座（2016年）

南宁市教育基金会"三中金道"专项基金捐赠和管理使用协议签订后双方合影（2017年）

学校以"精准扶贫"为抓手，组建12支支教队伍，95名党员教师分赴东兰县、马山县等全区10多个教育薄弱地区和受援学校开展教育帮扶活动，为推动广西教育的均衡发展作出积极的贡献。图为时任校长黄河清（前排左一）到南宁市盲聋哑学校（今南宁市特殊教育学校）进行教育帮扶

155

时任校长黄河清在南宁三中 120 周年华诞校庆庆典上发表讲话（2017 年）

部分校友在 120 周年校庆时的合影（2017 年）

在南宁三中 120 周年华诞校庆庆典上的合影（2017 年）

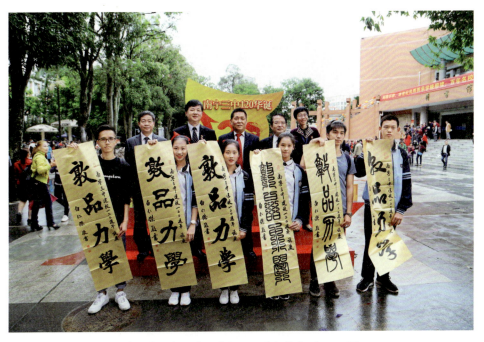

学生展示书法作品庆祝120周年校庆（2017年）

120周年校庆许愿签名墙（2017年）

120周年校庆活动场景（2017年）

120周年校庆期间，学校举办教育终身成就奖颁奖典礼。图为获奖教师合影留念（2017年）

120周年校庆表演场景（2017年）

真爱腾飞（2012—2022）

三、品质催奋进，前行续华章

  2021年2月，韦屏山担任南宁三中校长。他潜心学校发展策略研究，秉承"学术·温暖·责任·创新"理念打造高品质学术型中学，以"三级名师工程""四项教学研究""五阶学术路径""六大行动计划"为抓手，有力推动了学校教师队伍建设，实施了多项创新教育课程（见第162页图5-1），被多所高校和单位授予牌匾（见第163页表5-1）；持续厚植奥赛培育土壤，不断取得新的成绩（见第166页表5-2和第167页表5-3）。同时，注重学生思想道德建设、学生职业精神引领、学生潜能开发为一体的学校育人环境构建，着力打造高品质高中，让学生享受到幸福的教育，让教师享受到教育的幸福。

  2021年，南宁三中教育集团挂牌成立，南宁三中初中部江南校区积极筹建并于2022年12月正式揭牌。广西空前强大的教育航母正劈波斩浪，驶向未来。

校长韦屏山讲话

南宁市第三中学教育集团挂牌仪式场景（2021年）

南宁市第三中学教育集团挂牌仪式场景（2021年）

道从何处来 ——

创新教育课程图谱

学科隐性创新课程群
- 创新文化氛围
- 学科基础课程
  - 数学
  - 物理
  - 化学
  - 生物
  - 通用技术

跨学科融合创新课程群
- 科创融合课
  - 科学
  - 技术
  - 工程
  - 艺术
  - 数学
- 人文融合课
  - 语言与文学
  - 传统文化
  - 社会
  - CHEG
- 大学先修课
  - 数学
  - 物理
  - 化学
  - 生物
  - 信息技术
- 立德修身课
  - 课程思政·行为修养
  - 人文积淀
  - 生命发展
  - 健康与生活

创新活动实践课程群
- 课题研究
  - "教研"有你
  - 文化差异
  - 集思广益
  - 环境保护
  - 家族文化传承
  - "疫"路研学一
  - "疫"路研学二
- 特色研学
  - 自然探究
  - 社会考察
  - 文化体认
  - 科技体验
- 科创活动
  - 趣味实验课程
  - 开放科技活动
  - 技术运用课程
  - 发明创造
- 社团活动
  - 科技类社团
  - 人文类社团
  - 管理类社团
  - 体艺类社团
- 创新实验
  - 物理
  - 化学
  - 生物
  - 创造

图 5-1　南宁三中创新教育课程图谱

162

表5-1　南宁三中所获部分牌匾名录（2006—2022年）

年份	牌匾名录
2006	湖南大学授予南宁市第三中学"优秀生源基地"牌匾
2006	广州军区政治部干部部、广西壮族自治区教育厅联合授予南宁市第三中学"中国人民解放军广州军区国防生生源基地"牌匾
2006	哈尔滨工业大学授予南宁市第三中学"优秀生源基地"牌匾
2007	教育部中国中小学幼儿教师奖励基金会、中国人才研究会教育人才专业委员会及中小学教师科研专项奖励基金管理办公室联合授予南宁市第三中学"全国中小学科研兴校示范基地"牌匾
2007	南京大学授予南宁市第三中学"优质生源基地"牌匾
2009	广西壮族自治区教育厅授予南宁市第三中学"2004—2008年第二期'广西21世纪园丁'研修基地"牌匾
2009	西安交通大学授予南宁市第三中学"优秀生源基地"牌匾
2009	中国传媒大学授予南宁市第三中学"优质生源基地"牌匾
2010	北京师范大学授予南宁市第三中学"教育教学实践基地"牌匾
2010	北京交通大学授予南宁市第三中学"生源基地中学"牌匾
2010	电子科技大学授予南宁市第三中学"优质生源基地"牌匾
2010	广西师范学院授予南宁市第三中学"教育硕士研究生联合培养基地"牌匾
2010	中国农业大学授予南宁市第三中学"生源基地"牌匾
2010	北京林业大学授予南宁市第三中学"优质生源基地"牌匾
2011	清华大学招生办公室授予南宁市第三中学"'新百年领军计划'优质生源基地"牌匾
2011	重庆工商大学授予南宁市第三中学"优质生源基地"牌匾
2011	北京邮电大学授予南宁市第三中学"优秀生源基地"牌匾
2012	西北农林科技大学授予南宁市第三中学"优秀生源基地"牌匾
2012	武汉大学授予南宁市第三中学"优质生源基地"牌匾
2012	华南理工大学、北京理工大学、重庆大学、大连理工大学、东南大学、哈尔滨工业大学、同济大学、天津大学及西北工业大学联合授予南宁市第三中学"'卓越联盟'高校优秀生源基地"牌匾
2012	中国人民大学授予南宁市第三中学"优秀生源基地"牌匾
2012	天津大学授予南宁市第三中学"优秀生源基地"牌匾
2012	重庆大学授予南宁市第三中学"优秀生源基地"牌匾
2012	北京航空航天大学授予南宁市第三中学"生源输送基地"牌匾

续表

年份	牌匾名录
2012	南宁市教育局授予南宁市第三中学"南宁市普通高中课程改革学科教研基地"牌匾
2012	北京化工大学授予南宁市第三中学"优质生源基地"牌匾
2012	武汉理工大学授予南宁市第三中学"优质生源基地"牌匾
2013	长安大学授予南宁市第三中学"优秀生源基地"牌匾
2013	广西教育科学研究所授予南宁市第三中学"广西普通高中课程资源库建设基地学校"牌匾
2013	华侨大学授予南宁市第三中学"华侨大学生源基地"牌匾
2014	河海大学授予南宁市第三中学"优质生源基地"牌匾
2015	西北农林科技大学授予南宁市第三中学"生源基地"牌匾
2015	郑州大学授予南宁市第三中学"优质生源基地"牌匾
2015	中国药科大学授予南宁市第三中学"优质生源基地"牌匾
2015	南方科技大学授予南宁市第三中学"优秀生源基地"牌匾
2015	山东大学授予南宁市第三中学"优秀生源输送基地"牌匾
2016	北京建筑大学授予南宁市第三中学"优质生源基地"牌匾
2016	华东师范大学授予南宁市第三中学"实践教学研究基地"牌匾
2017	东北大学授予南宁市第三中学"优秀生源基地"牌匾
2017	华东师范大学授予南宁市第三中学"优质生源基地"牌匾
2017	上海大学授予南宁市第三中学"优秀生源基地"牌匾
2017	上海财经大学授予南宁市第三中学"优秀生源基地"牌匾
2018	北京航空航天大学授予南宁市第三中学"优质生源基地"牌匾
2018	中央财经大学授予南宁市第三中学"优质生源基地"牌匾
2018	大连理工大学授予南宁市第三中学"优秀生源基地"牌匾
2018	南京大学授予南宁市第三中学"最佳生源基地"牌匾
2018	华中科技大学授予南宁市第三中学"优质生源基地"牌匾
2018	香港中文大学（深圳）授予南宁市第三中学"优质生源基地"牌匾
2018	吉林大学授予南宁市第三中学"优秀生源基地"牌匾
2018	广西大学授予南宁市第三中学"优质生源基地"牌匾
2018	北京师范大学授予南宁市第三中学"优质生源基地"牌匾
2019	南京财经大学授予南宁市第三中学"优质生源基地"牌匾

年份	牌匾名录
2019	东北大学授予南宁市第三中学"优秀生源基地"牌匾
2019	南京农业大学授予南宁市第三中学"优质生源基地"牌匾
2019	南京邮电大学授予南宁市第三中学"优质生源基地"牌匾
2019	《广西教育》杂志授予南宁市第三中学"教学研究基地"牌匾
2019	广西教育出版社授予南宁市第三中学""《中小学课堂教学研究》杂志教学研究基地"牌匾
2019	大连海事大学授予南宁市第三中学"优质生源基地"牌匾
2019	陕西师范大学授予南宁市第三中学"优质生源基地"牌匾
2020	兰州大学授予南宁市第三中学"优秀生源基地"牌匾
2020	长沙理工大学授予南宁市第三中学"优质生源基地"牌匾
2020	中国医科大学授予南宁市第三中学"优质生源基地"牌匾
2020	哈尔滨工业大学授予南宁市第三中学"2020年优质生源基地"牌匾
2020	广西壮族自治区教育厅授予南宁市第三中学"广西壮族自治区普通高中教学学科课程基地"牌匾
2020	北京理工大学授予南宁市第三中学"优秀生源基地"牌匾
2021	复旦大学授予南宁市第三中学"优质生源基地"牌匾
2021	北京大学授予南宁市第三中学"博雅人才共育基地　首批双星"牌匾
2021	清华大学授予南宁市第三中学"优质生源基地"牌匾
2021	中山大学授予南宁市第三中学"优质生源基地"牌匾
2021	东南大学授予南宁市第三中学"优质生源基地"牌匾
2021	南京信息工程大学授予南宁市第三中学"优质生源基地"牌匾
2021	上海外国语大学授予南宁市第三中学"优秀生源基地"牌匾
2021	北京外国语大学授予南宁市第三中学"优质生源基地"牌匾
2021	宁波诺丁汉大学授予南宁市第三中学"优质生源基地"牌匾
2022	广西民族大学授予南宁市第三中学"实践教育基地"牌匾
2022	南宁市教育局授予南宁市第三中学"南宁市教师培训示范基地校"牌匾
2022	南宁市教育局授予南宁市第三中学"南宁市师德专项培训基地校"牌匾
2022	北京第二外国语学院授予南宁市第三中学"优质生源基地"牌匾

表5-2 南宁三中参加中学生奥林匹克竞赛情况汇总（2011—2023年）

学科	国际金牌总数	全国金牌总数	全国银牌总数	全国铜牌总数	入选国家集训队人数	入选广西代表队人数	荣获广西赛区一等奖人数
数学	0	3	9	12	1	25	103
物理	1	1	12	22	1	35	137
化学	0	4	20	21	1	45	153
生物	0	5	6	18	3	29	113
信息	0	0	4	12	0	25	110
合计	1	13	51	85	6	159	616

刘斯敏　　　　曾承禹　　　　刘松铭　　　　蒋宇飞

南宁三中努力打造"广西奥赛特色校"，着力建设一支高水平的奥赛教练团队，学生在全国奥赛中争金夺银，取得一系列骄人成绩。图为荣获全国奥赛金牌的学生

表5-3　南宁三中荣获全国中学生奥林匹克竞赛金牌情况汇总（2014—2023年）

年份	学科	姓名	学校
2014	生物	刘斯敏	南宁市第三中学
	数学	其他学校	
2015	数学	其他学校	
	化学	曾承禹	南宁市第三中学
2017	化学	刘松铭	南宁市第三中学
	化学	蒋宇飞	南宁市第三中学
	数学	周弘毅	南宁市第三中学
2018	生物	卢敏思	南宁市第三中学
	数学	周弘毅	南宁市第三中学
2019	数学	周弘毅	南宁市第三中学
2020	生物	胡昌泰	南宁市第三中学
2022	物理	蒋岱兵	南宁市第三中学
2023	物理	蒋岱兵	南宁市第三中学

周弘毅　　　　卢敏思　　　　胡昌泰　　　　蒋岱兵

道从何处来

南宁三中青山校区高一（14）班走进宾阳县古辣镇大陆村开展"稻花桑田看世界，智慧科技兴乡村"研学活动。图为学生观摩学习如何正确握镰刀割禾（2021年）

168

南宁三中青山校区高2021（16）班"东盟全视野"·RCEP与自贸区3.0主题活动合影

南宁三中青山校区高2021（4）班主题研学活动合影

南宁三中青山校区2021级14班研学活动合影

合唱比赛

庆祝中国共产党成立100周年主题党日活动

"探索科学与自然，开启智慧人生路"——南宁三中高一（9）班外出学习活动

172

学校实施温暖工程，提升教育幸福感。
图为学生在学校食堂上通用技术劳动课

毕业班师生合影（2020年）

学校完善教师专业发展信息平台、细化青蓝工程管理、外出培训管理。图为2021—2022学年度南宁三中"青蓝工程"师徒结对启动仪式（2021年）

南宁三中"三级名师工程"培训（2022年）

南宁三中校领导向荣获终身成就奖的教师颁奖并合影

南宁三中庆祝第38个教师节暨颁奖晚会获奖教师合影（2022年）

南宁三中开展教师心理成长督导访谈。图为心理专家授课（2022年）

南宁三中举办新教师生涯成长沙龙活动。图为师生互动（2023年）

学校以4个自治区级学科课程基地为平台，深化"四项教学研究"，建立教师培训基地，促进学科落实立德树人目标的全面实践。图为学校被列为普通高中新课程新教材实施国家级示范校，数学、英语、化学、地理4个学科课程基地入选自治区级学科课程基地

　　2021年4月20日，中国共产党南宁市第三中学委员会暨纪律检查委员会换届选举大会顺利召开。大会选举产生了新一届党委和纪委。黄河清、韦屏山、蓝宇、梁毅、孙振、李杰、魏述涛等7位同志当选为党委委员。蓝宇、胡颖毅、冯宇斌、韦国亮、胡纯辉等5位同志当选为纪委委员。在党委委员、纪委委员的第一次全体会议中，经过等额选举，黄河清同志当选为新一届学校党委书记，韦屏山同志当选为党委副书记，蓝宇同志当选为纪委书记。

中共南宁市第三中学委员会暨纪律检查委员会换届选举大会召开。图为新一届委员合影（2021年）

中共南宁市第三中学委员会暨纪律检查委员会换届选举大会召开。图为新一届学校党委书记黄河清同志讲话（2021年）

2021年12月28日，南宁市第三中学教育集团正式挂牌成立，截至2021年秋季学期，集团共有教学班级243个，学生12662人，在职教职工1029人。

2022年，初中部青秀校区被评为"认定授牌"类"小平科技创新实验室"建设学校。

"小平科技创新实验室"牌匾

初中部青秀校区被评为"小平科技创新实验室"建设学校。图为揭牌仪式（2022年）

同年 11 月 6 日，学校成立南宁三中初中部江南校区筹备组，负责推进南宁三中集团化办学的新校区建设工作。筹备组组长由南宁三中党委书记黄河清、校长韦屏山担任，副组长由南宁三中初中部江南校区副校长张栋担任，成员分别为丁莉、韦琴琴、莫焜贤、潘俊全、杨彬、庞洁、李昕、黎洲舟、杨汉生。

南宁三中初中部江南校区正式揭牌（2022 年）

南宁三中初中部江南校区正式开学。图为教职工合影留念（2023 年）

走过100多年的光辉岁月，在新的征程中，南宁三中人紧密团结在以习近平同志为核心的党中央周围，不忘初心，砥砺前行，努力办好人民满意的教育。

师生送新春祝福

升旗仪式

高考百日誓师（2023年）

附 录

附录一　组织机构历史沿革

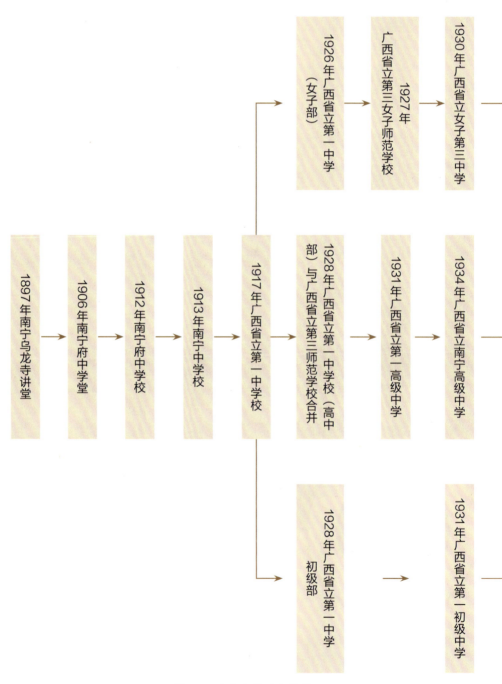

图 6-1　组织机构历史沿革

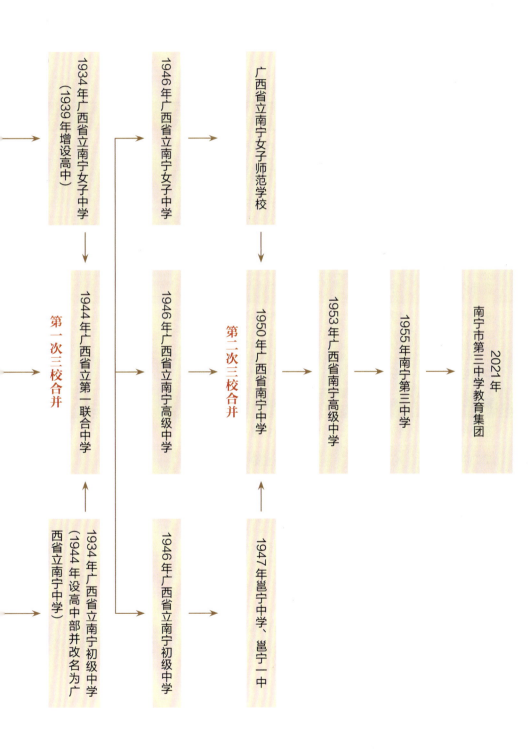

1934 年广西省立南宁女子中学（1939 年增设高中）

1946 年广西省立南宁女子中学

广西省立南宁女子师范学校

第一次三校合并

1944 年广西省立第一联合中学

1946 年广西省立南宁高级中学

第二次三校合并

1950 年广西省南宁中学

1953 年广西省南宁高级中学

1955 年南宁第三中学

2021 年南宁市第三中学教育集团

1934 年广西省立南宁初级中学（1944 年设高中部并改名为广西省立南宁中学）

1946 年广西省立南宁初级中学

1947 年邕宁中学、邕宁一中

附录二 历年领导干部名录

表6-1 南宁市第三中学历任校长

姓名	任职时间	学校名称	备注
余镜清	1897年	南宁乌龙寺讲堂	
盛容之	1898年	南宁乌龙寺讲堂	
陆伯平	1906年	南宁府中学堂	
高一筹	1911年	南宁府中学堂	
雷钟棠	1912年	南宁府中学校	
雷沛鸿	1912年	南宁府中学校	
朱锡昂	1913年	南宁中学校	革命烈士
吴 植	1914年	南宁中学校	
李唐弼	1915年	南宁中学校	
杭玉华	1917年	广西省立第一中学校	
雷荣甲	1921年	广西省立第一中学校	
莫乃涓	1923年	广西省立第一中学校	
杭维斌	1924年	广西省立第一中学校	
谢起文	1925年	广西省立第一中学校	
陈勉恕	1925年	广西省立第一中学校	革命烈士
雷天壮	1925年	广西省立第一中学校	代理校长、革命烈士、南宁府中学堂预科班学生
刘善继	1926年	广西省立第一中学校	
叶 光	1926年	广西省立第一中学校	
陈锡明	1926年	广西省立第一中学校	
雷荣柯	1929年	广西省立第一中学校	

姓名	任职时间	学校名称	备注
覃怀林	1930年	广西省立第一中学校	
刘善继	1931年	广西省立第一初级中学	第一次一校三分
陈宗岳	1934年	广西省立第一初级中学	
尹 治	1935年	广西省立南宁初级中学	
黄公健	1938年	广西省立南宁初级中学	
唐自我	1940年	广西省立南宁初级中学	
林建勋	1941—1945年	广西省立南宁初级中学 广西省立南宁中学	
甘怀侯	1931年	广西省立第一高级中学	第一次一校三分
蒋培英	1931年	广西省立第一高级中学	
曾希颖	1934年	广西省立南宁高级中学	
雷荣柯	1935年	广西省立南宁高级中学	
蒋培英	1936年	广西省立南宁高级中学	
周天爵	1937—1940年	广西省立南宁高级中学	
林增华	1941—1943年	广西省立南宁高级中学	
林雪萍	1943—1945年	广西省立南宁高级中学	
艾毓华（女）	1927年	广西省立第三女子师范学校	
黄尚钦	1928—1937年	广西省立第三女子师范学校 广西省立第三女子中学 广西省立南宁女子中学	
卢永铨	1938年	广西省立南宁女子中学	
雷升兆	1941—1945年	广西省立南宁女子中学	
林建勋	1945—1946年	广西省立第一联合中学	第一次三校复合
黄尚钦	1946—1947年	广西省立南宁初级中学	第二次一校三分
唐建祖	1947—1949年	邕宁中学、邕宁一中	
刘震霖	1946—1948年	广西省立南宁高级中学	第二次一校三分
黄其芹	1948—1949年	广西省立南宁高级中学	

续表

姓名	任职时间	学校名称	备注
刘运祯	1949年	广西省立南宁高级中学	
雷升兆	1946—1949年	广西省立南宁女子师范学校	第二次一校三分
钟丽坤（女）	1949年	广西省立南宁女子师范学校	
方 管	1950—1953年	广西省南宁中学	第二次三校复合
李 耿	1950—1951年	广西省南宁中学	
岳 平	1953年	广西省南宁高级中学	
粟 稔	1954年	广西省南宁高级中学	
方宏誉	1954—1955年	广西省南宁高级中学 南宁市第三中学	
莫自煜	1956—1957年	南宁市第三中学	
刘润贤	1957—1958年	南宁市第三中学	
罗克林	1958—1959年	南宁市第三中学	
李厚德	1959—1968年	南宁市第三中学	
张树森	1968—1971年	南宁市第三中学	革命委员会主任
樊国英	1971—1973年	南宁市第三中学	军代表 革命委员会主任
卢昌雄	1974—1978年	南宁市第三中学	革命委员会主任
冯宗异	1978—1981年	南宁市第三中学	
林恩材	1981—1984年	南宁市第三中学	
洪中信	1984—1997年	南宁市第三中学	
邓 敏	1997—2001年	南宁市第三中学	
方洁玲（女）	2001—2012年	南宁市第三中学	
黄幼岩	2012—2015年	南宁市第三中学	
黄河清	2015—2021年	南宁市第三中学	
韦屏山	2021年至今	南宁市第三中学	

表6-2　南宁市第三中学历任党组织书记

姓名	任职时间	备注
刘德禄	1951—1955年	党支部书记
李厚德	1955—1956年	党支部书记
钟碧秋	1956—1957年	党支部书记
肜雪新（女）	1958年	党支部书记
陈传家	1959—1962年	党支部书记
钟碧秋	1963—1964年	党支部书记
张树森	1964—1968年	党支部书记
张树森	1968—1971年	革命委员会主任
樊国英	1971—1974年	革命委员会主任
卢昌雄	1974—1978年	革命委员会主任
陆志隆	1978—1985年 1985—1999年	党支部书记 党总支书记
曾沸潮	1999—2008年	党总支书记
黄河清	2008—2016年	党委书记
韦屏山	2016—2021年	党委书记
黄河清	2021—2023年	党委书记
韦　坚	2023年至今	党委书记

附录三 集体荣誉

（一）南宁三中获得的国家级荣誉

· **1993 年**

全国群众体育先进单位

· **2001 年**

全国现代教育技术实验学校

· **2005 年**

全国群众体育先进单位

· **2007 年**

全国中小学科研兴校示范基地

全国中小学艺术节一等奖（《天琴世代有传人》）

· **2008 年**

北京 2008 年奥运会、残奥会奥林匹克教育工作突出贡献奖

全国后勤管理先进单位

全国青少年文明礼仪教育示范学校

· **2009 年**

全国养成教育实验学校

全国中小学外语教研工作示范学校

全国中学教育科研联合体常务理事学校

· **2010 年**

2008—2009 学年度全国中小学图书馆先进集体

国家教师科研专项资金科研先进单位

国家教师科研专项资金"十一五"规划重点课题"教师考核与评价制度研究"研究成果一等奖

全国第三届中小学生艺术展演活动艺术表演类二等奖

· 2011年

全国学校体育场馆向公众开放先进单位

· 2012年

全国青少年道德培养实验基地

全国校园文化系列活动优秀单位

· 2014年

全国教育系统先进集体

· 2017年

全国文明校园

· 2018年

第二届全国青少年学生法治知识网络大赛优秀组织奖（南宁市第三中学初中部青秀校区）

第十五届全国中小学校园影视评选三等奖（南宁市第三中学初中部青秀校区）

· 2020年

普通高中新课程新教材实施新课改国家级示范校

· 2023年

首批全国健康学校建设单位

2023年度全国红领巾中队（2022级飞翼中队）

全国第七届中小学生艺术展演活动器乐三等奖（中学组）

（二）南宁三中获得的自治区级荣誉

· 2001 年

自治区普通高级中学素质教育水平一级学校

· 2003 年

广西壮族自治区示范性普通高中

· 2004 年

广西壮族自治区中小学（中等职业学校）德育工作先进集体

· 2005 年

广西第八期支教工作"突出贡献奖"后援单位

2004年广西"中国体育彩票杯"少年儿童网球锦标赛男子单打第一名

2004年广西"中国体育彩票杯"少年儿童网球锦标赛男子双打第一名

2004年广西"中国体育彩票杯"少年儿童网球锦标赛女子单打第一名

· 2007 年

2006年全区中小学校园文化建设先进学校

第十次优秀科研成果先进单位奖

2007年广西第四届啦啦队健美操大赛啦啦队中学、中专组一等奖

· 2008 年

广西十一届运动会重大贡献奖

自治区级卫生学校

广西第八届中学生运动会（广西第五届啦啦队健美操比赛）健美操中学、中专组单人操
一等奖

广西第八届中学生运动会（广西第五届啦啦队健美操比赛）健美操中学、中专组集体操
一等奖

广西第八届中学生运动会（广西第五届啦啦队健美操比赛）健美操中学、中专组六人
轻器械操一等奖

· **2009 年**

广西第三届中小学生艺术展演活动艺术表演节目舞蹈类中学甲组一等奖

· **2010 年**

自治区军警民共建精神文明先进单位

· **2011 年**

2011 年全区青少年"爱科学月"活动先进集体

· **2012 年**

广西壮族自治区卫生先进单位（2012—2015）

自治区和谐学校

· **2013 年**

广西普通高中课程资源库建设基地学校

全区教育系统五一巾帼标兵岗（高二年级组）

首届广西青少年科学节优秀活动（"变废为宝"环保创意设计大赛活动）

· **2014 年**

2014—2017 年自治区级体育传统项目学校

· **2016 年**

广西壮族自治区卫生优秀学校

· **2018 年**

广西中小学生发明创造示范单位（第三批）

2018 年全国中小学德育工作典型经验

广西优秀地理教研组

· **2019年**

2018年广西中小学生安全知识网络竞赛组织奖（南宁市第三中学初中部）

2018年广西中小学生安全知识网络竞赛组织奖（南宁市第三中学高中部）

广西第六届中小学生艺术展演活动优秀创作奖（《三月木棉红绯绯》）

· **2021年**

普通高中新课程新教材实施自治区级示范校

广西青少年科技创新大赛科技教育创新优秀学校

第七届全国青年科普创新实验暨作品大赛广西赛区优秀组织单位（南宁市第三中学
初中部青秀校区）

· **2023年**

自治区普通高中新课程新教材实施优秀案例

2023年自治区首批"双减"优秀实践案例

（三）南宁三中获得的南宁市级荣誉

· **1990年**

南宁市先进单位

· **2003年**

南宁市2002年度教育对口支援工作先进单位

· **2004年**

2003年南宁市先进集体

南宁市教育系统2003年师德建设先进学校

南宁市2003年度安全生产先进单位

2004年南宁市高中毕业班工作卓越奖

南宁市第九届中学生运动会总团体分第七名

· **2005年**

南宁市先进集体（政治教研组）

"南宁市十大杰出中学生""百名优秀中学生"

南宁市第七届中小学艺术节暨纪念抗战胜利六十周年合唱总决赛一等奖

南宁市中小学英语演讲、讲故事比赛学校组织奖

· 2006 年

南宁市教育局 2005 年度教育工作目标一等学校

2005 年度南宁市绿化先进单位

南宁市 2005 年全国高中数学联赛优秀组织奖

2006 年高考优秀奖

2006 年高中毕业班工作成绩优秀奖

南宁市第八届中小学艺术节艺术表演节目金奖（《天琴世传有传人》）

南宁市第八届中小学艺术节艺术创作节目金奖（《天琴世传有传人》）

南宁市中小学生安全知识竞赛优秀组织奖

南宁市直属中小学第十三届"红色之旅"爱国主义读书教育活动优秀组织奖

2005 年"电信杯"南宁市优秀学校网站评比一等奖

· 2007 年

2007 年高考卓越奖

2007 年南宁市青少年航空模型比赛中学组团体第一名

第二届南宁市中小学校园电视优秀节目展评活动一等奖（《在实践中体会　在引导中
　　升华》）

第二届南宁市中小学校园电视优秀节目展评活动三等奖（电视台节目）

南宁市青少年航空模型比赛优秀组织奖

南宁市青少年无线电测向比赛优秀组织奖

南宁市直属中小学第十四届"珍惜资源，崇尚节约"爱国主义读书教育活动优秀组织奖

· 2008 年

2007 年度南宁市先进单位

2007 年度南宁市安全生产工作先进单位

2008 年高考卓越奖

2008 年教育目标工作等级评定一等奖

第二批南宁市语言文字规范化学校

南宁市中小学常规管理示范学校

南宁市第九届中小学艺术节中学组舞蹈类金奖

南宁市第九届中小学艺术节中学组舞蹈类银奖

2008年南宁市青少年航空模型比赛中学组团体第三名

南宁市青少年航空模型比赛优秀组织奖

南宁市青少年无线电测向比赛优秀组织奖

· 2009年

2009年度南宁市教育系统宣传工作先进集体

2009年高考卓越奖

2009年南宁市青少年爱科学实践活动先进集体

南宁市中小学实验室工作先进集体

南宁市优秀家长学校

2007—2008学年先进教研组（数学教研组）

2007—2008学年先进教研组（物理教研组）

· 2010年

2009年党建工作目标管理责任制考评优胜单位

2009年度南宁市先进集体（艺术组）

2009年南宁市社会主义新农村建设指导员工作先进后盾单位

2009年南宁市优秀教育门户网站一等奖

2010年高考卓越奖

2010年普通高中毕业班工作成绩卓越奖

· 2011年

首府创建全国文明城先进集体

南宁市基础教育科研工作先进学校

南宁市2011年高中阶段学校毕业班工作成绩卓越奖

南宁市第十三届中小学艺术节舞蹈类金奖

南宁市建党90周年合唱比赛金奖

南宁市 2010 年李启鸿"我们的绿色家园"主题环保科技模型制作比赛优秀作品二等奖

（《脚踏压力式楼梯发电照明装置》）

·2012 年

南宁市 2009—2011 年创建全国文明城市工作先进单位

南宁市 2010—2011 年度先进单位

2011 年度南宁市教育工作目标一等奖

2011 年南宁市学生资助工作先进集体

2012 年高中毕业班工作成绩卓越奖

廉政文化进校园达标学校

南宁市普通高中课程改革学校管理项目样本学校（学生学分认定管理）

南宁市普通高中课程改革学科教学样本学校（语文、数学、英语、物理、化学、生物、
政治、历史）

南宁市首批高中课程改革学科教研基地（语文、数学、英语、物理、化学、生物、政治、
历史）

·2013 年

2012 年度南宁市教育系统宣传工作先进单位

南宁市 2013 年高中毕业班工作成绩卓越奖

·2014 年

2013 年度南宁市教育工作绩效指标考评一等奖

2013 年南宁市学生资助工作先进集体

南宁市 2013 年度中小学实验室工作先进集体

2013 年南宁市教育系统宣传工作先进单位

南宁市平安校园

社会主义核心价值观主题民（童）谣诵读活动三等奖

南宁市第六批青少年科学工作室

南宁市 2014 年高中阶段学校毕业班工作成绩卓越奖

南宁市第一届中小学体育教师教学技能比赛团体中学组一等奖

南宁市劳动模范·技术标兵创新工作室

2014年"电信杯"南宁市优秀教育网站、优秀教师个人主题网站评比活动一等奖

· 2015年

第十届南宁市中小学校园影视奖评选活动优秀校园电视宣传单位

南宁市第一批普通高中现代化示范立项建设学校

南宁市教育局"奋发向上　崇德向善"青少年爱国主义读书教育活动组织工作特等奖

2015年南宁市校园中华经典诵读比赛全市决赛集体组二等奖

2015年南宁市校园中华经典诵读比赛优秀组织奖

2014年南宁市教育系统宣传工作先进单位三等奖

南宁市2015年高中阶段学校毕业班工作成绩卓越奖

南宁市离退休干部先进集体

南宁市第九届运动会优秀组织奖

南宁市第九届运动会团体总分第八名

南宁市第九届运动会男篮乙组第三名

南宁市第九届运动会男篮甲组第六名

南宁市第九届运动会软式排球男子第三名

南宁市第九届运动会软式排球女子第三名

南宁市第九届运动会乒乓球女子团体第四名

· 2016年

2015年市直机关二层机构档案工作检查优秀单位（2014年度）

2015年度南宁市教育工作绩效指标考评一等奖

2015年度南宁市校园模拟法庭比赛一等奖

南宁市教育局"传承中华文化·共筑精神家园"青少年爱国主义读书教育活动组织工作
特等奖

南宁市2016年高中阶段学校毕业班工作成绩卓越奖

2016年南宁市机器人、航模辅导员技能竞赛团体总分奖（第5名）

2016年南宁市机器人、航模辅导员技能竞赛优秀组织奖

2016年南宁市中小学英语口语比赛优秀组织奖

南宁市第十八届中小学艺术节中学组金奖（舞蹈类）

2016年南宁市中小学英文歌曲演唱比赛优秀组织奖

· 2017年

南宁市 2017 年高中阶段学校毕业班工作成绩突出贡献奖

南宁市 2017 年高中阶段学校毕业班工作成绩卓越奖

南宁市 2013—2016 年度中小学示范心理辅导室

2016 年度南宁市"劳动模范·技术标兵创新工作室"一等创新工作室

"不忘初心展翅未来"——南宁市中小学培育和践行社会主义核心价值观暨艺术节优秀
节目文艺汇演通报表彰单位

南宁市"我说核心价值观"征集评选活动优秀组织奖

2017 年南宁市中小学英语演讲、讲故事比赛优秀组织奖

2017 年南宁市"助学筑梦、励志成才、担当有为"主题征文比赛优秀组织奖

南宁市中小学幼儿园第三届心理健康教育微系列作品评比工作优秀组织奖

南宁市中小学师生"魅力南宁·美丽校园"摄影大赛优秀组织奖

2017 年南宁市中小学生民族器乐比赛中学合奏组一等奖

南宁市 2017 年"文明校园·携手共建"微视频、微电影主题教育活动作品二等奖

2017 年南宁市校园中华经典诵读比赛集体组优秀奖

南宁市第十九届中小学艺术节艺术表演类节目全市总决赛舞蹈类金奖

南宁市第十九届中小学艺术节艺术表演类节目直属学校预赛舞蹈类金奖

2017 年度南宁市先进单位

· 2018年

2018 年高考突出贡献奖

2018 年高考卓越奖

南宁市 2018 年度消防宣传工作先进学校

南宁市 2017 年度企事业单位档案工作年检等级优秀单位

2017 年度南宁市"劳动模范·技术标兵创新工作室"一类创新工作室

南宁市教育局"时刻听党话·永远跟党走"青少年爱国主义读书教育活动组织工作
特等奖

南宁市第二十届中小学艺术节艺术表演类节目市属学校决赛舞蹈类金奖

南宁市第二十届中小学艺术节艺术表演类节目市属学校决赛舞蹈类银奖（南宁市第三中学
初中部五象校区）

南宁市未成年人庆祝自治区成立 60 周年微视频、微电影征集活动二等奖

2018年南宁市中小学英语演讲、讲故事比赛优秀组织奖

2018年第十七届南宁市中小学生机器人竞赛暨第二届南宁市中小学生创客竞赛优秀
组织奖

· 2019年

2019年南宁市高中阶段学校毕业班工作卓越学校

2019年南宁市中小学英语演讲、讲故事比赛优秀组织奖

2019年第十八届南宁市中小学生机器人竞赛暨第三届南宁市中小学生创客竞赛优秀
组织奖

南宁市教育局第二十六届"时刻听党话·永远跟党走"青少年爱国主义读书教育活动
优秀组织奖

2019年南宁市中小学生车辆、建筑模型比赛优秀组织奖（南宁市第三中学初中部青秀校区）

2019年南宁市中小学生民族器乐比赛中学合奏一等奖（南宁市第三中学初中部青秀校区）

2019年南宁市中小学生打击乐比赛团体合奏二等奖（南宁市第三中学初中部青秀校区）

2018年南宁市中小学生打击乐比赛中学小重奏组二等奖（南宁市第三中学初中部青秀校区）

2019年南宁市中小学生打击乐比赛中学小重奏组三等奖（南宁市第三中学初中部青秀校区）

2019年南宁市中小学生民族器乐比赛优秀组织奖（南宁市第三中学初中部青秀校区）

2019年南宁市中小学生民族器乐比赛中学合奏三等奖（南宁市第三中学初中部五象校区）

2019年南宁市中小学生民族器乐比赛优秀组织奖（南宁市第三中学初中部五象校区）

2019年南宁市绿色学校（幼儿园）（南宁市第三中学初中部五象校区）

2019年南宁市学生资助育人工作优秀典型案例（南宁市第三中学初中部五象校区）

2019年南宁市校园中华经典诵读比赛优秀奖（南宁市第三中学初中部五象校区）

2018年度企事业单位档案工作检查优秀（南宁市第三中学档案室）

· 2020年

2020年南宁市高中阶段学校毕业班工作卓越学校

南宁市教育局第二十七届"奋进新时代·争做追梦人"青少年爱国主义读书教育活动
组织工作特等奖

2019年南宁市教育系统宣传工作先进单位二等奖

2019年度南宁市本级部门决算工作评比二等奖

2020年南宁市教育系统宣传工作先进集体

200

2019—2020年南宁市学生资助工作成绩突出单位

南宁市2020年度生活垃圾分类示范单位

2020年南宁市"祖国伴我成长·助学筑梦成才"主题征文比赛优秀组织奖

2020年南宁市中小学实验说课评选活动优秀组织奖

2020年南宁市校园中华经典诵读比赛优秀组织奖

2020年南宁市教育局直属公办学校（校区）初中毕业班工作卓越学校（南宁市第三中学初中部青秀校区）

2020年南宁市教育局直属公办学校（校区）初中毕业班工作优秀学校（南宁市第三中学初中部五象校区）

南宁市第二十二届中小学艺术节表演类（合唱类）节目全市总决赛合唱类金奖（初中组第一名）（南宁市第三中学初中部五象校区）

南宁市第二十二届中小学艺术节表演类（合唱类）节目全市总决赛校园剧金奖（南宁市第三中学初中部青秀校区）

南宁市第二十二届中小学艺术节表演类（合唱类）节目全市总决赛校园剧银奖（南宁市第三中学初中部青秀校区）

2020年南宁市校园中华经典诵读比赛集体组二等奖（南宁市第三中学青山校区）

2020年南宁市校园中华经典诵读比赛集体组三等奖（南宁市第三中学五象校区）

·2021年

南宁市"十三五"教育科研先进单位

2021年南宁市高中阶段学校毕业班工作突出贡献奖

2021年南宁市高中阶段学校毕业班工作卓越奖

南宁市第五届"学宪法　讲宪法"活动优秀组织奖

2021年南宁市中小学生"祖国我想对您说"英语演讲、讲故事比赛优秀组织奖

2021年南宁市教育局直属公办学校（校区）毕业班工作优秀学区（南宁市第三中学初中大学区）

2020—2021年度南宁市优秀少先队学校（南宁市第三中学初中部青秀校区）

2021年南宁市教育局直属公办学校（校区）毕业班工作卓越学校（南宁市第三中学初中部青秀校区）

南宁市第二十八届"希望之星"青少年文化艺术节"党在我心中·红色记忆我来画"绘画大赛优秀组织奖（南宁市第三中学初中部青秀校区）

2021年南宁市青少年阳光体育大会暨自治区第十五届运动会南宁市代表队选拔赛团体总分第八名（南宁市第三中学初中部青秀校区）

2021年南宁市青少年阳光体育大会暨自治区第十五届运动会南宁市代表队选拔赛优秀组织奖（南宁市第三中学初中部青秀校区）

· 2022 年

2021年度南宁市教育局直属单位档案工作优秀单位

2022年南宁市校园中华经典诵读暨"我邀明月颂中华"比赛优秀组织奖（南宁市第三中学五象校区）

· 2023 年

2022年南宁市中小学校幼儿园集团化办学评估"优秀"等次

南宁市第二十四届中小学艺术节器乐类比赛暨2022年南宁市中小学生西洋管弦乐器（含课堂乐器）比赛中学合奏组银奖（南宁市第三中学初中部青秀校区）

2023年南宁市校园中华经典诵读比赛优秀组织奖

2023年南宁市校园中华经典诵读比赛中学生集体组一等奖（南宁市第三中学五象校区）

2023年南宁市校园中华经典诵读比赛综合集体一组一等奖（南宁市第三中学五象校区）

（四）南宁三中党组织历年来获得的市级以上荣誉

· 1986 年

端正党风工作成绩获自治区表彰（党总支）

· 1998 年

南宁市先进基层党组织（第二党支部）

· 2001 年

1998—2001年度南宁市红旗基层党组织（党总支）

1998—2001年度南宁市先进基层党组织（党总支）

· 2004 年

自治区先进基层党组织（党总支）

· 2005 年

自治区先进离退休干部党支部

南宁市先进离退休干部党支部

· 2010 年

2009—2010 年度南宁市教育系统先进基层党组织

· 2011 年

2010 年南宁市党建目标管理优胜单位

南宁市 2009—2010 年度先进基层党组织（党委）

南宁市教育局"绿城党旗红先锋促发展"党建理论研讨征文评比一等奖（党委）

南宁市教育局直属单位党组织创先争优 DV 展播作品评比一等奖（《永远跟党走·为
党旗增辉》）

· 2012 年

2011—2012 年度南宁市教育局创先争优先进基层党组织

· 2013 年

南宁市先锋示范点

南宁市组织系统讲党性重品行作表率先进集体

南宁市教育局系统先锋示范点

南宁市教育局系统先锋示范品牌

2012 年度南宁市教育系统先锋示范品牌（党建合作工程）

2012 年度南宁市教育系统先锋示范队伍（学科奥赛合作共同体）

南宁市教育系统 2012—2013 年先进基层党组织

2012 年南宁市党建工作目标管理责任制考评达标单位

· 2014 年

南宁市教育局 2013—2014 年度先进基层党组织

· **2015 年**

南宁市教育局 2014—2015 年度先进基层党组织

· **2016 年**

自治区先进基层党组织

南宁市教育局 2015—2016 年度先进基层党组织

· **2018 年**

南宁市教育局 2017—2018 年度先进基层党组织（党委）

· **2019 年**

南宁市委教育工委 2018—2019 年度先进基层党组织

· **2021 年**

《打造党建合作体　共绘育人同心圆》案例入选《广西中小学校党建工作案例选编》

（五）南宁三中共青团组织历年来获得的市级以上荣誉

· **2005 年**

2004 年度南宁市教育局直属学校"顶呱呱"优秀团组织

· **2007 年**

第八批南宁市五四红旗团委创建单位

· **2008 年**

2007 年度南宁市五四红旗团委

· **2012 年**

2011 年度广西五四红旗团委

· **2014 年**

2013 年度全国五四红旗团委

· **2015年**

南宁市五四红旗团支部

· **2018年**

南宁市少先队红旗中队（南宁市第三中学初中部青秀校2017级6班中队）

· **2019年**

2018年度南宁市五四红旗团委（共青团南宁市第三中学五象校区委员会）

· **2020年**

2019年度南宁市五四红旗团委（新冠疫情防控专项）（共青团南宁市第三中学初中部青秀校区委员会）

南宁市优秀少先队中队（南宁市第三中学初中部青秀校区初二年级第17中队）

（六）南宁三中工会历年来获得的市级以上荣誉

· **2005年**

2004年度南宁市女职工工作达标单位

南宁市实施女职工素质提升工程示范单位

· **2006年**

2003—2005年南宁市学校工会工作先进集体

· **2011年**

南宁市总工会重点工作目标考核特等奖

· **2012年**

2011年度市属基层工会重点工作目标考核特等奖

南宁市先进职工之家

· **2013年**

2012年度市属基层工会重点工作目标考核特等奖

· **2014 年**

2013 年度市属基层工会重点工作目标考核特等奖

2013 年南宁市工会调研成果评选三等奖（"南宁三中开展'建设美丽家园整洁畅通大行动'活动思考"）

· **2016 年**

2015 年度市属基层工会重点工作目标考核特等奖

· **2018 年**

2018 年广西五一劳动奖状

2017 年度市属基层工会重点工作目标考核特等奖

2017 年度南宁市"工人先锋号"（南宁市第三中学化学教研组）

· **2021 年**

全区教育系统先进教职工之家

· **2023 年**

2022 年度南宁教育系统工会重点工作考评二等奖

（一）全国、自治区级劳动模范获得者名单

·2007年

黄河清获评全国模范教师

·2008年

黄河清获评广西劳动模范

·2010年

方洁玲获评广西劳动模范

·2014年

杨泰金获评全国模范教师

（二）五一巾帼奖章等获得者名单

·2009年

方洁玲获评2009年全国教育系统先进工作者、全国教育系统优秀巾帼建功标兵

·2012年

杨丽红获评南宁市五一巾帼标兵

（三）全国、自治区、市级优秀教师、学科带头人等获得者名单

·1994年

杨丽红获评铁道部优秀教师

·2004年

阎增获评2004年南宁市优秀教师

·2005 年

韦屏山获评 2005 年自治区优秀教师暨个人二等功

韦屏山获评 2005 年自治区优秀班主任

朱寿康获评 2005 年南宁市"我最喜爱的老师"

梁正获评 2005 年南宁市优秀教师

曾沸潮获评南宁市教育局 2003—2004 年度优秀校长（书记）

·2006 年

梁正、韦屏山、梁惠红、黄永福获评南宁市基础学科带头人

阎增获评 2006 年南宁市优秀教师

·2008 年

陈美娜获评自治区优秀教师暨个人二等功

杨泰金获评自治区优秀班主任

庄艳玲、李晓翎、韦屏山入选第五批南宁市新世纪学术和技术带头人培养人选第二层次
    人选

楚铁军获评 2007—2008 年度南宁市优秀少先队辅导员

陈美娜获评 2008 年南宁市"我最喜爱的老师"

姚树华获评 2008 年南宁市优秀教师

梁东旺、杨泰金、梁惠红、杨丽红入选第五批南宁市新世纪学术和技术带头人培养人选
    第三层次人选

·2009 年

梁惠红、杨泰金、黄俊珍获评特级教师

陈美娜获评自治区优秀教师暨个人二等功

李国栋获 2009 年南宁市中小学体育教学优质课（录像）评比一等奖（初中组）

魏来来获 2009 年南宁市中小学体育教学优质课（录像）评比一等奖（高中组）

杨泰金获评南宁市教坛明星

黄涛跃、王强芳、李荣权、陈小妤、方洁玲获评南宁市学科带头人

梁勇获 2009 年南宁市中小学体育教学优质课（录像）评比二等奖（初中组）

何杰获 2009 年南宁市中小学体育教学优质课（录像）评比二等奖（高中组）

梁德清、朱建东、杨小菊、周玉环、李宜、韦红梅、王鸿、李双根、刘晓静、肖燕玲、
徐永霞、梁勇、何昕、贝伟浩、严曼妮、梁洪涛获评南宁市教学骨干

梁东旺、林川敏获评 2009 年南宁市优秀教师

刘聪获 2009 年南宁市中小学体育教学优质课（录像）评比三等奖（初中组）

黄茜获 2009 年南宁市中小学体育教学优质课（录像）评比三等奖（高中组）

· 2010 年

黄河清获评八桂名师

梁东旺获评南宁市"我最喜爱的老师"

任向明获评南宁市教坛明星

许兴华、赖中平、李杰、魏述涛、李国栋获评南宁市学科带头人

姚树华、杨泰金、梁惠红入选第六批南宁市培养新世纪学术和技术带头人第二层次人选

阎增、王继花、陆洁、林玲、封志勤、谭慧、罗蒂固、温燕、顾振海、谭冠毅、韦先鲜、
魏来来、林川敏、李春阳、计启宏、卓艳婷、霍玉鑫、李玲芳、戚志涛、宋迎获评
南宁市教学骨干

杨菲获评 2010 年南宁市优秀教师

李国栋、胡颖毅入选第六批南宁市培养新世纪学术和技术带头人第三层次人选

王海云、姚树华、劳耘、梁惠红入选南宁市第六批优秀青年专业技术人才

· 2011 年

黄河清享受政府特殊津贴

贾应锋获评 2009—2011 年创建全国文明城市工作先进个人

杨泰金获评基础教育名师

梁东旺获评自治区优秀班主任

· 2012 年

王强芳、韦屏山获评 2012 年广西特级教师

梁正入选第七批南宁市新世纪学术和技术带头人第二层次培养人选

李杰入选第七批南宁市新世纪学术和技术带头人第三层次培养人选

· 2013年

杨泰金入选广西第十六批新世纪十百千人才工程第二层次人选

陈传来获评2013年自治区优秀教师

阎增、林川敏获评2013年自治区中小学优秀班主任

韦屏山、梁惠红获评南宁市2013年教坛明星

韦坚、杨小菊、黄琴获评南宁市2013年学科带头人

张咸竹、周洁、李成纹、黄芳、陈东、钟慧、欧临琳、魏远金、崔朝杰、庞启满、吴小华、
    赖求铭、黎耀中、肖光、庞薇、冯宇斌、傅秋蓉、覃矜、郭文娟、何杰、郑佶婷、
    黄燕妮、史新颜、徐源、杨恒建、谭启德、黄林获评2013年南宁市教学骨干

魏述涛、马可获评2013年南宁市"我最喜爱的老师"

李杰入选南宁市第七批优秀青年专业技术人才

李春阳入选南宁市第八批优秀青年专业技术人才

黄幼岩、韦屏山入选南宁市第八批专业技术拔尖人才

· 2014年

廖素婷获评广西中学语文优秀教师

杨丽红、杨泰金入选第八批南宁市新世纪学术和技术带头人第一层次培养人选

李杰、陶丽艳入选第八批南宁市新世纪学术和技术带头人第二层次培养人选

韦坚、郑佶婷获评2014年南宁市优秀教师

陈传来、陈雪峰、黄涛跃、李春阳、杨小菊、梁菊入选第八批南宁市新世纪学术和技术
    带头人第三层次培养人选

· 2015年

魏述涛、黎承忠获评特级教师

张小华获评2015年自治区中小学优秀班主任

· 2016年

李杰入选第九批南宁市培养新世纪学术和技术带头人第一层次培养人选

李春阳入选第九批南宁市培养新世纪学术和技术带头人第二层次培养人选

邓荣、贝伟浩、魏述涛、李浩铭、黄琴、蓝宇入选第九批南宁市培养新世纪学术和技术
    带头人第三层次培养人选

· 2017年

张小华获评南宁市2017年教坛明星

庞启满、胡颖毅、徐欣、贾应锋获评南宁市2017年学科带头人

张静、梁竹、於慧锋、黄成林、刘珑、刘丽、张才能、玉党益、陈庆武、谭锋获评南宁市2017年教学骨干

陈康获评2017年南宁市"我最喜爱的老师"

· 2019年

梁惠红、魏述涛获评广西教学名师

张小华、廖克杰、杨小菊、杨丽红、梁东旺、贾应锋、李杰、吴红获评特级教师

戚志涛、丁莉、贝伟浩获评南宁市优秀教师

庞薇、李俊强获评南宁市优秀班主任

劳耘获评2019年南宁市"我最喜爱的老师"

· 2020年

李成纹、戚志涛、韦红梅、钟家荣、李睿、崔朝杰、计启宏、马汉阳、覃矜、谭慧、徐永霞、傅嘉、张栋、潘滔、林燕、郭岚、林凡、韦晓宁、李湘玲、梁德清、王祥斌、谭冠毅、徐星、杨菲、谭启德、梁毅、黄频捷获评南宁市学科带头人

陈佳（语文）、卢戈、聂欣、张沛、梁爽、谭佩玉、莫淞淋、霍兵芳、陈俊健、谭淇尹、王学建、张海燕、蓝日更、莫培权、韦艳君、陈烈、栾功、黄丛珍、王伟、郭满艳、陈佳（数学）、王燕燕、甘夏莉、邓琪、廖婧、袁干雅、李鹏飞、滕雪、吴恒璐、李诗玲、陈现永、蒙立珠、韦婷、周晶、李南、黄美秋、周代许、黄越烯、许宜潘、冯光炜、胡波、莫日红、李燕、赵兰芳、范永凯、庞吉兴、秦华、谢朝杰、杨欢、金敖然、韦骁珉、陆秉中、李冬英、许大福、黎文平、单鹏华、易志锋、黄欢、韦嫦春、朱丽丽、李浩铭、滕雪芬、李程、李萍、胡冬明、黄长茂获评南宁市教学骨干

兰巧、黄洁获评2020年南宁市教学骨干

梁德清、冯宇斌、张栋、黄成林获评2020年南宁市教育系统优秀教师

傅嘉、徐星、滕雪、栾功获评2020年南宁市教育系统优秀班主任

· 2021年

张静、周代许、陈延燕、梁菊获评2021年南宁市教育系统优秀教师

农惠获评2021年南宁市"我最喜爱的老师"

许大福、农惠、郭满艳、梁学聪获评2021南宁市教育系统优秀班主任

· 2022年

李杰、杨小菊获评广西教学名师

蓝玉获评2022年南宁市"我最喜爱的老师"

韦国亮、梁毅、蓝玉、廖丹萍、徐永霞获评特级教师

戚志涛、傅嘉获评广西优秀教师

张静、刘芳、李俊、李俊强、韦琴琴、栾功、梁竹、胡娴毅、朱映红、彭燕琼、丁莉、王鸿、华丽桃、庞薇、毛秀英、周代许、韦蓉、吴小华、雷艳、黄成林、张智、杨恒建、徐颖、黄小斌、黄林、郭文娟、刘丹、孙振、梁勇获评南宁市学科带头人

申颖、杨琪、陈邦珍、朱纯利、苏朝凤、邹信武、黄基荣、覃俊明、陶新军、陈莹、吴荣媚、曾夏怡、韦君霞、宗焕波、黄继、梁家强、谢辛玉、万力菲、陆勇、梁学聪、谢展薇、韦夏玲、潘俊全、楚铁军、冯云荷、黄文斌、吴荃凤、黎正旺、占华平、李小梅、詹永通、王纳、黄格、谭东敏、黄健、张井卫、于法锋、张繁、刘冬乔、彭裕华、蓝仁敏、银媛琳、农惠、李春来、韦珺、刘栋、梁丽妮、林梦玲、梁蒙武、周中元获评南宁市教学骨干

李睿、滕雪、黄欢、黄小妹获评南宁市优秀教师

丁莉、蓝玉、许兴盛、林燕获评南宁市优秀班主任

· 2023年

郭岚、李静、彭燕琼、吴小华获评2023年南宁市教育系统优秀教师

胡娴毅、陆金、庞启满获评2023年南宁市教育系统优秀班主任

蓝玉、刘芳获评2023年南宁市教育系统模范班主任

（四）南宁市级以上教学能手、技能大奖等荣誉获得者名单

· 2005年

杨婷婷获广西第三届中小学艺术教师基本功比赛二等奖

魏来来、梁勇获2004年南宁市中学青年体育教师教学基本功评比一等奖

李国栋获南宁市中学一级教师体育研究课评比一等奖

韦屏山获南宁市中学第四届心理辅导课评比三等奖

附

录

· 2006 年

肖光获 2006 年中学历史学科课堂教学比赛决赛一等奖

邓荣获 2006 年南宁市生物科优质课决赛高中组一等奖

钟慧、刘晓静、霍玉鑫获南宁市 2006 年中学数学学科课堂教学比赛决赛二等奖

· 2007 年

赖中平、吴翠仙获 2007 年高中英语学科优质课比赛初赛暨决赛评比一等奖

于春凤获 2007 年全区初中课程改革数学探究课现场教学评比一等奖

何昕获 2007 年全区初中课程改革英语探究课现场教学评比一等奖

韦海波获 2007 年全区青少年机器人竞赛单项竞技高中组一等奖

郭文娟获全区中学预防艾滋病健康教育教案、多媒体课件评比一等奖

陶丽艳获 2007 年高中英语学科优质课比赛初赛暨决赛评比二等奖

孙国强获 2007 年全区青少年机器人竞赛常规项目高中组三等奖

王颖凡、张栋、吴小华、林凡、肖光、杨菲、庞薇、何昕获 2006 年南宁市职工职业技能
大赛多媒体课件制作一等奖

谢朝杰获 2007 年南宁市高中化学优质课比赛一等奖（初赛、决赛）

林玲获 2007 年南宁市高中政治优质课比赛初赛一等奖

陈雪峰获 2007 年南宁市高中物理优质课比赛决赛二等奖

林凡获 2007 年南宁市高中政治优质课比赛初赛二等奖

吴小华获 2007 年南宁市高中物理优质课比赛初赛三等奖

刘运庆获南宁市第六届教育系统师生迎春艺术作品展三等奖

· 2008 年

赖中平、吴翠仙获 2007 年高中英语学科优质课比赛决赛一等奖

陶丽艳获 2007 年高中英语学科优质课比赛决赛二等奖

苏文凯获 2007—2008 年度南宁市"曙光杯"信息技术优秀课例一等奖

卓艳婷获 2007 年南宁市中学历史科课件评比初中组一等奖

董杨获南宁市中学第五届心理辅导课评比一等奖

刘运庆获指导学生参加2008年南宁市第七届教育系统师生迎春艺术作品展中学组一等奖

谭亚娟获2007年南宁市中学历史科课件评比初中组二等奖

许媛获南宁市中学第五届心理辅导课评比二等奖

孙国强获2007—2008年度南宁市曙光杯信息技术优秀论文三等奖

刘晓静获评2007年南宁市教学能手

徐颖的作品入选2008年南宁市中小学现代教育技术优秀作品

·2009年

雷以德、潘卫周、谢朝杰获全国优秀自制教具评选一等奖

谢海康、刘俊、李建宁获全国优秀自制教具评选二等奖

陈东获2009年南宁市初中数学青年教师优质课比赛一等奖

刘丽获2009年南宁市政治说课比赛决赛初中组一等奖

王春兰获2009年南宁市政治说课比赛决赛高中组一等奖

封志勤获2010年南宁市中学生物教师专业技能比赛高中组板书版画一等奖

黎耀中、杨恒建获南宁市化学优质课比赛高中组一等奖

钟慧、李默、王德才、楚铁军获2009年南宁市初中数学青年教师优质课比赛二等奖

杨娟获2009年南宁市政治说课比赛决赛初中组二等奖

封志勤获2009年南宁市中学生物教师专业技能比赛高中组全能奖

·2010年

韦海波获2009—2010年度南宁市中小学信息技术优秀课例评比活动一等奖

谭亚娟获2010年南宁市初中历史优质课决赛一等奖

肖光获2010年南宁市高中历史优质课决赛一等奖

黄林获2010年南宁市中学生物优质课比赛初中组一等奖

黄琴获2010年南宁市中学生物优质课比赛高中组一等奖

李国栋获2010年全市中小学体育教学观摩展示活动（录像课）评比高中组指定内容一等奖

刘聪获2010年全市中小学体育教学观摩展示活动（录像课）评比初中组自定内容二等奖

刘运庆获南宁市第九届教育系统师生迎春艺术作品展二等奖

·2011年

黄茜获广西学校"优秀课"比赛高中组一等奖

张智获南宁市中学化学优质课比赛初中组一等奖

韩平获南宁市中学政治优质课比赛初中组一等奖

牙昌圣获南宁市中学政治优质课比赛高中组一等奖

关榕获南宁市中学化学优质课比赛高中组二等奖

· 2012 年

徐永霞获第八届全国高中英语教学课堂展示课比赛全国一等奖

周晶获 2012 年感恩教育主题班会高中组一等奖

聂宏、覃矜获首届中学英语教师"我的教学故事"决赛高中组一等奖

郭满艳获 2011 年南宁市初中数学青年教师优质课比赛一等奖

霍玉鑫、张海燕获 2012 年南宁市高中数学课堂教学优质课决赛评比一等奖

· 2013 年

黄小斌获 2013 年中南六省生物教学优质课比赛一等奖

梁甘露获 2013 年南宁市高中语文教师教学基本功大赛一等奖

陈冀丽获 2013 年南宁市中小学班主任技能比赛高中组一等奖

韦薇获 2013 年南宁市中学化学优质课评比初中组一等奖

罗洪均获 2013 年南宁市中学化学优质课评比高中组一等奖

彭小丁获 2013 年南宁市高中语文教师教学基本功大赛三等奖

温燕获 2013 年南宁市中小学班主任技能比赛初中组三等奖

· 2014 年

霍玉鑫获 2013 年广西高中数学课程改革优质课评选活动一等奖

易志锋、谭启德获广西教研杯生物优质课比赛一等奖

林莉获全区教师教学技能大赛一等奖

陈冀丽获 2014 年南宁市高中历史课堂教学技能比赛一等奖

黄茜获南宁市第一届中小学体育教师教学技能比赛一等奖

董杨获南宁市心理辅导课评比活动一等奖、南宁市心理健康教育专项技能评比二等奖

滕雪获南宁市中学英语优质课决赛初中组一等奖

聂宏、傅秋蓉获南宁市中学英语优质课决赛高中组一等奖

甘磊获 2014 年南宁市初中数学说课比赛二等奖

马健获南宁市第一届中小学体育教师教学技能比赛二等奖

· 2015年

李浩铭获2015年广西中小学音乐教师优质课比赛高中组一等奖第一名

应茵获2015年广西中学化学优质课比赛高中组一等奖第一名

周晶获2015年南宁市高中思想政治优质课比赛决赛一等奖

梁勇获2015年南宁市中小学体育优质课比赛高中组一等奖

闭绿获南宁市第二届中学英语教师"我的教学故事"决赛高中组一等奖

韦珺获南宁市2015年未成年人思想道德建设工作创新案例征集评选活动二等奖

李丽冰获南宁市2015年未成年人思想道德建设工作创新案例征集评选活动二等奖

吴双陶获2014年南宁市中小学美术教师"五项技能"比赛三等奖

· 2016年

聂宏获2016年全国高中英语优质课比赛一等奖

梁竹获全国第八届高中青年数学教师优秀课展示一等奖

谭锋获2016年广西高中历史教学优质课比赛决赛一等奖

郭文娟获2016年广西中学生物实验教学说课比赛一等奖

潘卫周、刘俊、李伟玉获第八届全区优秀自制教具展评活动一等奖

梁竹获广西高中数学优质课（录像课）一等奖

谢海康、吴正顺、方向明获第八届全区优秀自制教具展评活动优秀作品奖

蒙卫获2016年南宁市机器人、航模辅导员技能竞赛单项奖机器人搭建巡线投球比赛
特等奖

李浩铭获2015年南宁市"教师的故事"情景剧大赛一等奖

梁惠红、韦莲青获2015年南宁市"教师的故事"主题宣讲大赛一等奖

刘聪、黄中炫获2015年南宁市中小学体育优质录像课比赛一等奖

车磊获2016年南宁市第二届中小学体育教师教学技能比赛中学组一等奖

谭锋获2016年南宁市高中历史教师课堂教学技能比赛决赛一等奖

刘胜男获2016年南宁市高中生物学科课堂教学技能评比决赛一等奖

梁竹、黄樱获2016年南宁市高中数学优质课比赛决赛评比一等奖

潘越基获2016年南宁市机器人、航模辅导员技能竞赛单项奖遥控电动越野车竞速赛一等奖

潘卫周、刘俊、李伟玉获2016年南宁市优秀自制教具展评活动一等奖

石善菲、银媛琳、谭启德获2016年南宁市中小学课程育德录像课比赛一等奖

郭文娟获2016年南宁市中小学实验说课评选活动一等奖

周晶获2016年南宁市中小学幼儿园安全教育"精彩一课"一等奖

银媛琳、陆秉中获2016年南宁市中学化学实验课堂教学创新比赛一等奖

杨婷婷、杨晋越获南宁市第十八届中小学艺术节中学组（舞蹈类）金奖指导教师奖

覃矜获南宁市高中英语优质课比赛一等奖

韦莲青获2015年南宁市"教师的故事"情景剧大赛二等奖

黄中炫、梁蒙武获2016年南宁市第二届中小学体育教师教学技能比赛中学组二等奖

谢海康、吴正顺、方向明获2016年南宁市优秀自制教具展评活动二等奖

吴迪、胡嘉谊、凌金旺获2016年南宁市中小学课程育德录像课比赛二等奖

石善菲、韦珺、谢朝杰获2016年南宁市中小学实验说课评选活动二等奖

黄靖玉获南宁市地理学科优秀录像课评比高中组二等奖

房彬获南宁市高中英语优质课比赛二等奖

莫娟、农惠获2016年南宁市中小学实验说课评选活动三等奖

韦清漓获2016年南宁市中学物理优质课比赛高中组三等奖

· 2017年

刘珑的课例入选2015—2016年度"一师一优课、一课一名师"活动部级"优课"

刘珑、胡嘉谊、蒙立珠、高岩、罗佼佼、银媛琳、凌金旺、杨欢、于法锋的课例入选
     2015—2016年度"一师一优课、一课一名师"活动自治区级"优课"

张静获2017年南宁市中小学班主任技能比赛初中组一等奖

刘芳获2017年南宁市中小学班主任技能比赛高中组一等奖

李小梅、韦清漓、刘冬乔、韦骁珉、韦珺获2017年南宁市中小学实验说课评选活动一等奖

刘俊鹏获2017年南宁市中小学体育与健康室内教学优质课评比活动高中组一等奖

黄雁获2017年南宁市中小学幼儿园安全教育"精彩一课"一等奖

蒙立珠、韦娉婷获2017年南宁市中学道德与法治（思想政治）优质录像课比赛决赛高中组
     一等奖

黄靖玉、白婕、李春丽、李洋获南宁市地理学科开学第一课教学设计评比一等奖

邓天添获南宁市第三届中学英语教师"我的教学故事"决赛高中学段一等奖

蒲丽曲获南宁市第十九届中小学艺术节艺术作品类评比金奖

吴迪获南宁市第十五届教育系统师生迎春艺术作品展教师组一等奖

李萍获南宁市中小学、幼儿园第二届心理健康教育微系列作品评比一等奖

黄越烯获 2017 年南宁市中小学"有趣的知识"微课大赛二等奖

林承南获 2017 年南宁市中小学体育与健康室内教学优质课评比活动初中组二等奖

梁家强、万力菲获 2017 年南宁市中学道德与法治（思想政治）优质录像课比赛决赛初中组
    二等奖

罗惠中获南宁市地理学科开学第一课教学设计评比二等奖

黄雁获南宁市第三届中学英语教师"我的教学故事"决赛初中学段二等奖

邓琪、卓金玲、蒋华怡获南宁市第三届中学英语教师"我的教学故事"决赛高中学段
    二等奖

蒙卫获南宁市普通高中通用技术学科课堂教学技能比赛（决赛）二等奖

潘哲菲获 2017 年南宁市中小学幼儿园安全教育"精彩一课"三等奖

朱柳霞获南宁市第三届中学英语教师"我的教学故事"决赛初中学段三等奖

吴双陶获南宁市第十五届教育系统师生迎春艺术作品展教师组三等奖

钟露获南宁市教育系统"学习黄大年同志"主题演讲比赛三等奖

朱丽云获南宁市中小学、幼儿园第二届心理健康教育微系列作品评比三等奖

刘栋获南宁市中小学师生"魅力南宁　美丽校园"摄影大赛教师组三等奖

· 2018 年

覃矜获 2018 年全国高中英语新课标前沿课堂观摩研训会（优质课）一等奖

杨小菊、劳耘获 2018 年全国高中英语新课标前沿课堂观摩研训会（优质课）一等奖指导
    教师奖

林承南获第五届全国学校体育联盟（体育教育）大会优质课评比一等奖

黄桂毅、李国栋获第五届全国学校体育联盟（体育教育）大会优质课评比优秀指导教师奖

李溪获广西地理优质课比赛一等奖

毛秀英、韦蓉获广西地理优质课比赛一等奖指导教师奖

李昕获 2018 年第二届南宁市中小学体育教师"十项教学技能"比赛一等奖

张祥、刘俊鹏、韦庆、刘培荣、林承南获 2018 年南宁市第三届中小学体育教师教学技能
    比赛一等奖

韦夏玲获 2018 年南宁市高中青年历史教师课堂教学技能比赛一等奖

陈冀丽、杨晓玲获 2018 年南宁市高中青年历史教师课堂教学技能比赛一等奖指导
    教师奖

栾功获 2018 年南宁市职工职业技能大赛暨南宁市高中数学优质课比赛一等奖

邓琪获 2018 年南宁市中小学信息技术与学科教学深度融合优秀课例展示观摩评选活动
　　评选一等奖

韦珺、韦文凤获 2018 年南宁市中学生物学科优质课比赛决赛一等奖

黄小轩、王柳获 2018 年南宁市第三届中小学体育教师教学技能比赛二等奖

莫淞淋获 2018 年南宁市职工职业技能大赛暨南宁市初中语文教师优质课比赛二等奖
　　第二十名

於慧锋获 2018 年南宁市职工职业技能大赛暨南宁市高中数学优质课比赛二等奖

朱巧玲获 2018 年南宁市中小学信息技术与学科教学深度融合优秀课例展示观摩评选活动
　　评选二等奖

郭满艳获 2018 年南宁市第四届初中数学青年教师教学技能大赛三等奖

高岩、罗佼佼、蒙立珠、潘俊全、黄靖钰、刘珑、银媛琳、杨欢、凌金旺、于法锋、
　　梁勇、胡嘉谊的课例入选 2015—2016 年度南宁市"一师一优课，一课一名师"
　　市级"优课"

戚志涛、谭佩玉、许家勇、黄樱、欧临琳、闫凤强、马娜、廖婧、邓琪、庄艳玲、严曼妮、
　　覃矜、蒙立珠、黄继、姚文慧、陈冀丽、谭锋、陈施然、蓝琳翔、石善菲、谢朝杰、
　　姚全、于荣娜、易志锋、刘聪、林燕、黄成林、梁毅的课例入选 2016—2017 年度
　　南宁市"一师一优课，一课一名师"市级"优课"

· 2019 年

张韵的课例入选 2018 年第八届全国中小学优秀音乐课

石惠方获 2018—2019 学年度南宁市高中英语优质课比赛一等奖

张智获 2018 年南宁市中学化学优秀教育教学成果评比教学论文一等奖

刘畅、玉浩洋、黄继获 2019 年南宁市初中道德与法治、高中思想政治优质课比赛结果暨
　　优秀课例展示活动一等奖

聂欣获 2019 年南宁市高中语文教师优质课比赛决赛结果暨优秀课例展示活动一等奖

农惠、胡娴毅获 2019 年南宁市中小学班主任技能赛评比一等奖

张菊香获 2019 年南宁市中小学体育教师优质（现场）课比赛初中组一等奖

华启捷、马夏华获 2019 年南宁市中小学体育教师优质（现场）课比赛高中组一等奖

黎文平获 2018 年南宁市中学化学优秀教育教学成果评比教学论文二等奖

韦娉婷获 2019 年南宁市初中道德与法治、高中思想政治优质课比赛结果暨优秀课例展示

活动二等奖

潘曼曼获 2019 年南宁市中小学班主任技能赛评比二等奖

庞宇获 2019 年南宁市中小学体育教师优质（现场）课比赛初中组二等奖

刘远智获 2018—2019 学年度南宁市高中英语优质课比赛三等奖

利海媚获 2018 年南宁市中学化学优秀教育教学成果评比教学设计三等奖

李春来获 2019 年南宁市中学化学优秀教育教学成果评比教学设计三等奖

苏文凯的课例入选 2019 年南宁市中小学信息技术与学科教学深度融合优秀课例展示观摩
　　评选活动

· 2020 年

张韵获 2020 年第六届广西中小学音乐教师"五项技能"比赛器乐与舞蹈中学组单项
　　一等奖第一名

张韵获 2020 年第六届广西中小学音乐教师"五项技能"比赛声乐中学组单项一等奖
　　第一名

张韵获 2020 年第六届广西中小学音乐教师"五项技能"比赛中学组综合成绩一等奖

张韵获 2020 年全区中小学幼儿园教师教学技能大赛初中组一等奖第一名

胡娴毅获 2019 年南宁市职工职业技能大赛中小学班主任技能初中组第一名

农惠获 2019 年南宁市职工职业技能大赛中小学班主任技能高中组第一名

黄龙清、黄基荣、梁舒尹、苏定莉、黄格、李秀静、杨敏、魏文洁、陈子璇、梁艳婷、
　　莫迪茜、潘哲菲、陈中谦、李红、潘舟获 2020 年南宁市中小学生青年教师技能竞
　　赛决赛一等奖

苏艳华获 2020 年南宁市中小学生青年教师技能竞赛决赛一等奖第二名

潘晓雯、龙云迷、林靖、邱丽燕、肖宝莹、唐尧志获 2020 年南宁市中小学生青年教师
　　技能竞赛决赛一等奖

张韵获广西中小学音乐教师"五项技能"比赛南宁选拔赛五项全能一等奖

黄艳婷、吴国松、文仁琦获南宁市第四届中小学体育教师教学技能比赛一等奖

陈子璇、潘哲菲、陈中谦、李红、苏艳华获南宁市中小学青年教师技能竞赛决赛一等奖

梁爽获 2019 年南宁市职工职业技能大赛中小学班主任技能高中组第二名

俸洁、张宝丹、甘艳霞、罗惠中、苏朝凤、李海贺、周颖、姜鹤、杨雪芝、涂群、王青、
　　覃艳妮、张琼樱获 2020 年南宁市中小学生青年教师技能竞赛决赛二等奖

冯启浩、覃秋洪获南宁市第四届中小学体育教师教学技能比赛二等奖

周颖、李海贺、杨雪芝、涂群、覃艳妮、王青获南宁市中小学青年教师技能竞赛决赛
二等奖

李小梅、张顺义获 2020 年南宁市中小学生青年教师技能竞赛决赛三等奖

刘栋、潘舟、覃梦园、谢展薇、梁艳婷、黄巧宾、姚全的课例入选 2018 年度、2019 年
度南宁市"一师一优课、一课一名师"活动市级"优课"

潘曼曼获 2019 年南宁市职工职业技能大赛中小学班主任技能初中组第六名

朱丽云获 2019 年南宁市职工职业技能大赛中小学幼儿园心理教学技能高中组第四名

· 2021 年

陈莹获 2021 年全区中小学教师教学技能大赛初中英语组一等奖第一名

邓琪获 2021 年全区中小学教师教学技能大赛一等奖

胡冬明获 2021 年全区中小学教师教学技能大赛一等奖第一名

梁爽获第一届广西中学语文主题研修优秀成果评比暨优质课展评、观摩活动研究论文类
一等奖

蒙美兰、谢燕霞获 2021 年南宁市中小学班主任技能大赛初中组一等奖

李南获 2021 年南宁市中小学班主任技能大赛高中组一等奖

李春来获 2021 年南宁市中学学科教师教学技能大比武（优质课）决赛初中化学一等奖

杨菲、张智获 2021 年南宁市中学学科教师教学技能大比武（优质课）决赛初中化学
一等奖指导教师奖

陆小燕获 2021 年南宁市中学学科教师教学技能大比武（优质课）决赛初中物理一等奖

梁菊、谭冠毅获 2021 年南宁市中学学科教师教学技能大比武（优质课）决赛初中物理
一等奖指导教师奖

周颖获 2021 年南宁市中学学科教师教学技能大比武（优质课）决赛初中英语一等奖

黄洁获 2021 年南宁市中学学科教师教学技能大比武（优质课）决赛初中语文一等奖

邓林鹃、霍兵芳、申颖、李睿、郭岚、胡娴毅获 2021 年南宁市中学学科教师教学技能
大比武（优质课）决赛初中语文一等奖指导教师奖

白婕、冯云荷获 2021 年南宁市中学学科教师教学技能大比武（优质课）决赛高中地理
一等奖

毛秀英、庞薇获 2021 年南宁市中学学科教师教学技能大比武（优质课）决赛高中地理
一等奖指导教师奖

李南、陆勇获 2021 年南宁市中学学科教师教学技能大比武（优质课）决赛高中历史

一等奖

黄美秋、谭锋获 2021 年南宁市中学学科教师教学技能大比武（优质课）决赛高中历史
一等奖指导教师奖

李金健、黄子萍获 2021 年南宁市中学学科教师教学技能大比武（优质课）决赛高中生物
一等奖

黄小斌、黄琴、魏述涛获 2021 年南宁市中学学科教师教学技能大比武（优质课）决赛
高中生物一等奖指导教师奖

王学建、刘辉获 2021 年南宁市中学学科教师教学技能大比武（优质课）决赛高中数学
一等奖

黎承忠、崔朝杰获 2021 年南宁市中学学科教师教学技能大比武（优质课）决赛高中数学
一等奖指导教师奖

黄文斌获 2021 年南宁市中学学科教师教学技能大比武（优质课）决赛高中物理一等奖

陈雪峰、梁德清获 2021 年南宁市中学学科教师教学技能大比武（优质课）决赛高中物理
一等奖指导教师奖

邓琪、毛艳霞、吴子旋获 2021 年南宁市中学学科教师教学技能大比武（优质课）决赛
高中英语一等奖

谭慧、覃矜、徐永霞、傅秋蓉、傅嘉、陶艳容获 2021 年南宁市中学学科教师教学技能
大比武（优质课）决赛高中英语一等奖指导教师奖

杨琪获 2021 年南宁市中学学科教师教学技能大比武（优质课）决赛高中语文一等奖

梁惠红、张小华获 2021 年南宁市中学学科教师教学技能大比武（优质课）决赛高中语文
一等奖指导教师奖

宗焕波获 2021 年南宁市中学学科教师教学技能大比武（优质课）决赛高中政治一等奖

李晓翎、陈小妤获 2021 年南宁市中学学科教师教学技能大比武（优质课）决赛高中政治
一等奖指导教师奖

杨灿明获 2021 年南宁市中学学科教师教学技能大比武（优质课）决赛化学学科一等奖

廖丹萍、陈明获 2021 年南宁市中学学科教师教学技能大比武（优质课）决赛历史学科
一等奖指导教师奖

黄子萍获 2021 年南宁市中学学科教师教学技能大比武（优质课）决赛生物学科一等奖

李俊、黎承忠获 2021 年南宁市中学学科教师教学技能大比武（优质课）决赛数学学科
一等奖指导教师奖

刘聪、刘俊鹏获 2021 年南宁市中学学科教师教学技能大比武（优质课）决赛体育学科

　　一等奖优秀指导教师奖

邓琪获2021年南宁市中学学科教师教学技能大比武（优质课）决赛英语学科一等奖

杨晋越获南宁市中小学音乐教师技能大练兵一等奖

王园获南宁市中小学音乐教师技能大练兵一等奖指导教师奖

黄基荣获2021年南宁市中小学班主任技能大赛高中组二等奖

李渡、韦蓉获2021年南宁市中学学科教师教学技能大比武（优质课）决赛初中地理
　　二等奖指导教师奖

黄兰获2021年南宁市中学学科教师教学技能大比武（优质课）决赛初中历史二等奖

李杰、谭亚娟获2021年南宁市中学学科教师教学技能大比武（优质课）决赛初中历史
　　二等奖指导教师奖

肖宝莹获2021年南宁市中学学科教师教学技能大比武（优质课）决赛初中数学二等奖

陈东、王伟获2021年南宁市中学学科教师教学技能大比武（优质课）决赛初中数学
　　二等奖指导教师奖

罗媛获2021年南宁市中学学科教师教学技能大比武（优质课）决赛初中英语二等奖

郭岚、林燕获2021年南宁市中学学科教师教学技能大比武（优质课）决赛初中英语
　　二等奖指导教师奖

楚铁军获2021年南宁市中学学科教师教学技能大比武（优质课）决赛地理学科二等奖

陈施然、黄越烯获2021年南宁市中学学科教师教学技能大比武（优质课）决赛高中地理
　　二等奖

胡波、毛秀英、温广源获2021年南宁市中学学科教师教学技能大比武（优质课）决赛
　　高中地理二等奖指导教师奖

韦淑娟获2021年南宁市中学学科教师教学技能大比武（优质课）决赛高中化学二等奖

罗蒂固、关榕获2021年南宁市中学学科教师教学技能大比武（优质课）决赛高中化学
　　二等奖指导教师奖

潘俊全获2021年南宁市中学学科教师教学技能大比武（优质课）决赛高中历史二等奖

陈冀丽、杨敏获2021年南宁市中学学科教师教学技能大比武（优质课）决赛高中历史
　　二等奖指导教师奖

陈烈获2021年南宁市中学学科教师教学技能大比武（优质课）决赛高中数学二等奖

栾功、陈华曲获2021年南宁市中学学科教师教学技能大比武（优质课）决赛高中数学
　　二等奖指导教师奖

黄芳获2021年南宁市中学学科教师教学技能大比武（优质课）决赛高中语文二等奖

阎增、苏潇娜获 2021 年南宁市中学学科教师教学技能大比武（优质课）决赛高中语文二等奖指导教师奖

莫焜贤获 2021 年南宁市中学学科教师教学技能大比武（优质课）决赛高中政治二等奖

姚敏、华丽桃获 2021 年南宁市中学学科教师教学技能大比武（优质课）决赛高中政治二等奖指导教师奖

石善菲、孔令峰获 2021 年南宁市中学学科教师教学技能大比武（优质课）决赛物理学科二等奖

周玉环、杨丽红、梁德清、陈传来获 2021 年南宁市中学学科教师教学技能大比武（优质课）决赛物理学科二等奖指导教师奖

杨晋越获南宁市音乐教师技能大练兵比赛二等奖指导教师奖

王园获南宁市中小学音乐教师技能大练兵二等奖

苏鹏珵获南宁市中小学音乐教师技能大练兵二等奖指导教师奖

吕泉孜获 2021 年南宁市中学学科教师教学技能大比武（优质课）决赛高中历史三等奖

李湘玲、李南获 2021 年南宁市中学学科教师教学技能大比武（优质课）决赛高中历史三等奖指导教师奖

韦嫦春获 2021 年南宁市中学学科教师教学技能大比武（优质课）决赛高中生物三等奖

陈延燕、刘胜男获 2021 年南宁市中学学科教师教学技能大比武（优质课）决赛高中生物三等奖指导教师奖

李湘玲获 2021 年南宁市中学学科教师教学技能大比武（优质课）决赛历史学科三等奖指导教师奖

苏鹏珵获南宁市中小学音乐教师技能大练兵三等奖

· 2022 年

陈佳获 2022 年首届"一课一优"全国优质课教学视频创新设计大赛二等奖

黄洁、李璐璐、吕秋龙、彭鹏、申颖、覃梦园、韦嫦春、文丽莉、谢展薇、周颖的课例入选 2022 年自治区级基础教育精品课

韦君霞获 2021 年广西中小学信息技术与学科教学深度融合优秀课例评选活动二等奖

陆小荣、彭燕琼获 2021 年广西中小学信息技术与学科教学深度融合优秀课例评选活动二等奖指导教师奖

文丽莉获南宁市 2022 年国家安全教育"精彩一课"评选活动一等奖

周晶、江东洋获南宁市 2022 年国家安全教育"精彩一课"评选活动一等奖指导教师奖

刘畅、冯思异获 2022 年南宁市中学青年教师教学技能大练兵大比武（初中语文）决赛一等奖

林晓璐获 2022 年南宁市中学青年教师教学技能大练兵大比武（初中语文）决赛二等奖

王雪、张静、邓林鹃、霍兵芳获 2022 年南宁市中学青年教师教学技能大练兵大比武（初中语文）决赛一等奖指导教师奖

王雪、申颖获 2022 年南宁市中学青年教师教学技能大练兵大比武（初中语文）决赛二等奖指导教师奖

黄铄涵、庞展斌、韦婷获 2022 年南宁市中学青年教师教学技能大练兵大比武（初中数学）决赛一等奖

黄璐、郭满艳、韦琴琴、王伟、欧临琳、韦小云获 2022 年南宁市中学青年教师教学技能大练兵大比武（初中数学）决赛一等奖指导教师奖

覃梦铭、吴炫获 2022 年南宁市中学青年教师教学技能大练兵大比武（初中物理）决赛二等奖

葛仁婧、雷艳、张梁良、倪华获 2022 年南宁市中学青年教师教学技能大练兵大比武（初中物理）决赛二等奖指导教师奖

农相、祁韵获 2022 年南宁市中学青年教师教学技能大练兵大比武（初中英语）决赛一等奖

姜鹤获 2022 年南宁市中学青年教师教学技能大练兵大比武（初中英语）决赛二等奖

郭岚、林燕、曾夏怡、陈莹获 2022 年南宁市中学青年教师教学技能大练兵大比武（初中英语）决赛一等奖指导教师奖

钱小莹、李静获 2022 年南宁市中学青年教师教学技能大练兵大比武（初中英语）决赛二等奖指导教师奖

黄洁莹获 2022 年南宁市中学青年教师教学技能大练兵大比武（初中化学）决赛二等奖

廉锐获 2022 年南宁市中学青年教师教学技能大练兵大比武（初中化学）决赛三等奖

徐颖获 2022 年南宁市中学青年教师教学技能大练兵大比武（初中化学）决赛二等奖指导教师奖

杨杰璠获 2022 年南宁市中学青年教师教学技能大练兵大比武（初中道德与法治）决赛二等奖

韦婷、黄岭柏获 2022 年南宁市中学青年教师教学技能大练兵大比武（初中道德与法治）决赛二等奖指导教师奖

谢燕霞、利肖燕获 2022 年南宁市中学青年教师教学技能大练兵大比武（初中历史）决赛

一等奖

谢展薇、唐尧志、牙雅楠、谭亚娟获2022年南宁市中学青年教师教学技能大练兵大比武（初中历史）决赛一等奖指导教师奖

江东洋获2022南宁市中学青年教师教学技能大练兵大比武（初中地理）决赛二等奖

黄靖钰、楚铁军获2022南宁市中学青年教师教学技能大练兵大比武（初中地理）决赛二等奖指导教师奖

莫雨逢获2022年南宁市中学青年教师教学技能大练兵大比武（初中生物）决赛一等奖

庞洁获2022年南宁市中学青年教师教学技能大练兵大比武（初中生物）决赛二等奖

韦文凤、覃艳妮获2022年南宁市中学青年教师教学技能大练兵大比武（初中生物）决赛一等奖指导教师奖

韦文凤、周莹获2022年南宁市中学青年教师教学技能大练兵大比武（初中生物）决赛二等奖指导教师奖

廖健琳获2022年南宁市中小学信息技术与学科教学深度融合优秀课例评选活动二等奖

韦琴琴、韦小云获2022年南宁市中小学信息技术与学科教学深度融合优秀课例评选活动指导教师奖

覃春勇、卢玉璋、雷璇、郭瑞琦获南宁市第五届中小学体育教师教学技能比赛一等奖

杨晋越、张韵获南宁市第二十四届中小学艺术节社团排练选修课录像评比银奖

张韵、万洪倩、郭李悦、韦关正获南宁市第二十四届中小学艺术节器乐类比赛暨2022年南宁市中小学生西洋管弦乐器（含课堂乐器）比赛优秀奖指导教师奖

· 2023年

陈莹获第四届全国中小学青年教师教学竞赛三等奖

李远谋获第二届全国思政课教学基本功大赛三等奖

邓天添获全国中小学生英语教师教学素养大赛二等奖

刘畅获2022年全区中小学教师教学技能大赛一等奖

林燕、陈莹、潘哲菲、周颖获评2023年广西中小学英语教学教研资源——单元整体教学案例（初中组）一等等次

万力菲的课例入选2023年全区基础教育精品课

李丽玲、周莹获2023年南宁市中小学班主任技能大比武评比一等奖

何海夷、陆金、梁家强、郭满艳获2023年南宁市中小学班主任技能大比武评比一等奖指导教师奖

韦小玫、钱小莹获 2023 年南宁市中小学班主任技能大比武评比二等奖

莫娟、陆洁、谢燕霞、黄秋明获 2023 年南宁市中小学班主任技能大比武评比二等奖指导
教师奖

万力菲获 2023 年南宁市中学青年教师教学技能大练兵大比武（高中思想政治）决赛
一等奖

林凡、韦晓宁获 2023 年南宁市中学青年教师教学技能大练兵大比武（高中思想政治）
决赛指导教师奖

陈佳获南宁市中小学首届生涯教育课堂教学大赛（高中组）三等奖

董杨、楚铁军获南宁市中小学首届生涯教育课堂教学大赛（高中组）指导教师奖

杨子莹获 2023 年南宁市优质课大赛决赛一等奖

陈佳获 2023 年南宁市高中学科优质课大赛决赛（语文学科）二等奖

张韵、杨婷婷、崔莉莉获 2023 年南宁市中小学生西洋管弦乐器类（含课堂乐器）比赛
优秀指导教师奖

（五）其他个人荣誉获得者名单

·2005 年

莫怡祥、黄琴、郭文娟、梁庄获 2005 年全国中学生生物学联赛自治区优秀指导教师奖

解红梅获广西中学语文教学论文评比一等奖

白福伟获广西中学语文教学论文评比二等奖

黄桂毅获评区直第八期"先进支教队员"

班廷坚、彭小欢获南宁市中小学英语演讲、讲故事比赛教师指导奖一等奖

罗建荣获评 2004 年度南宁市统计工作先进工作者

李国栋、魏来来、梁勇、黄桂毅、谭立勇、孙振、苏仪英、何杰获 2004 年全市中学生
体育竞赛优秀指导教师奖

黄桂毅、谭立勇、孙振、苏仪英、李国栋、魏来来、何杰获 2005 年度市中小学生体育
竞赛优秀指导教师奖

谢灵明获评 2005 年南宁市教育系统宣传工作优秀通讯员

肖燕玲获 2005 年南宁市教育学会英语教学专业委员会论文三等奖

黄素毅、黄琳琳获评南宁基础教育课程改革工作先进个人

张欣烈、曾沸潮获评南宁市教育局"争先创优"优秀共产党员

· 2006年

戴金凤获第十二届全国青少年"心系祖国，健康成长"读书教育活动教师辅导奖

劳耘获2006年广西教育学会外语教学专业委员会论文一等奖

黄艳妮获直属学校演讲、讲故事指导老师一等奖

玉千舟获2006年广西教育学会外语教学专业委员会论文二等奖

苏文凯、李世玲获"英特尔未来教育"项目广西表彰活动优秀论文奖

苏文凯获"英特尔未来教育"项目广西表彰活动优秀培训者奖

梁毅、胡颖毅获"英特尔未来教育"项目广西表彰活动优秀应用奖

方洁玲获"南宁市中小学校长建设年"校长读书征文一等奖

张小华获南宁市直属中小学第十三届"红色之旅"爱国主义读书教育活动指导教师
    一等奖

韦海波、孙国强获"海信杯"南宁市第五届中小学生机器人竞赛指导教师二等奖

韩东路、梁钟平、张小华获市直属中小学第十三届"红色之旅"爱国主义读书教育活动
    指导教师二等奖

梁庄获评南宁市2004—2005年度优秀共产党员

杨婷婷获南宁市第八届中小学艺术节艺术表演节目优秀指导老师奖（《天琴世传有传人》）

许敏、陈传来、蓝宇、黄涛跃、班廷坚、李荣权、张红兵、梁柏怡、梁庄、许宜春、
    梁文博、黄丹获评南宁市教育局"保先"优秀共产党员

罗永屏、陈进南、刘威、涂军训、白先贵、刘文强、宋达信获评南宁市教育局"保先"
    优秀共产党员（退休）

· 2007年

林莉获2007年广西教育学会英语教学专业委员会论文评比一等奖

张栋、张玮、史新颜、严曼妮、毛艳霞获2007年广西教育学会英语教学专业委员会论文
    评比二等奖

胡晓霞获评2007年高考考务工作先进个人

严曼妮、卢金英、黄蕾、周桂双、冯宇斌、劳耘、毛艳霞、王安忠获2006年南宁市教育
    学会英语教学专业委员会论文评比一等奖

杨娟、郭泽军获2007年南宁市思想品德教案（课件）评比一等奖

王颖凡获南宁市直属中小学第十四届"珍惜资源，崇尚节约"演讲、讲故事教师指导
    一等奖

房彬、张庆芳获2006年市教育学会英语教学专业委员会论文评比二等奖

韩平获2007年南宁市思想品德教案（课件）评比二等奖

徐小英获南宁市直属中小学第十四届"珍惜资源，崇尚节约"演讲、讲故事教师指导
　　二等奖

彭小欢、何昕获2006年南宁市教育学会英语教学专业委员会论文评比三等奖

· 2008年

周洁获评2006年支援农村教育工作先进支教队员

杨娟、陈小妤获2007年南宁市教育学会中学政治专业委员会教师论文评比二等奖

杨婷婷获评南宁市第九届中小学艺术节指导老师

方洁玲获评2007年招生考试工作第一责任人达标个人

谢灵明获评2008年南宁市教育系统优秀通讯员

王海云获评2007年南宁市先进工作者

方洁玲获评2006年支援农村教育工作先进支教工作者

林玲、王鸿获2007年南宁市教育学会中学政治专业委员会教师论文评比一等奖

郑佶婷、韩东路获评中国—东盟中小学生作文大赛特等奖指导教师

· 2009年

黄俊珍、杨泰金获评南宁市2007—2008学年先进教研组长

黄茜获2008年全区第八届中学生运动会科学论文评选二等奖

杨泰金、许敏获2008年南宁市物理优秀教学论文评比一等奖

陈美娜获评南宁市2008年度先进工作者

李鲜妹获评南宁市十大杰出母亲

刘俊、徐颖获南宁市中学理科实验教学优秀论文评选二等奖

吴小华、赖求铭、许敏、王纳获2008年南宁市物理优秀教学论文评比二等奖

陈传来、李荣权、吴红、刘芳、关榕、胡纯辉获评南宁市教育局2009年"争先创优"
　　优秀共产党员

黄茜获2008年南宁市中小学体育论文评选一等奖

梁勇获2008年南宁市中小学体育论文评选三等奖

刘俊获评南宁市中小学实验室工作先进个人

李国栋、孙振获评2009年南宁市中小学体育教研先进个人

陈传来获评南宁市 2006—2008 年优秀共产党员

· **2010 年**

谭立勇获评 2005—2008 年全国群众体育工作先进个人

李家全获评 2008 学年度—2009 学年度全国中小学图书馆先进工作者

魏远金获评 2009 年南宁市优秀共青团员

梁毅、邓荣、吴小华、黎耀中、杨恒建、谢灵明获评 2009—2010 年度南宁市教育局
优秀共产党员

陈素珍获评 2009 年南宁市学生资助工作先进个人

陈东获评 2009 年南宁市优秀共青团干部

谢灵明获评 2009 年度南宁市教育系统宣传工作优秀通讯员

· **2011 年**

邓荣获评南宁市 2008—2010 年度未成年人思想道德建设工作先进个人

贾应锋获评南宁市 2011 年优秀教育工作者

陈雪峰、韦坚、张小华、吴小华、吴红、叶柳毅获评南宁市教育局 2010—2011 年"争先
创优"优秀共产党员

许媛、董杨、丁志龙获评南宁市中小学优秀心理辅导员

黄河清获苏步青数学教育奖二等奖

胡纯辉获评首府身边优秀组织人事干部

韦坚、陈雪峰、杨丽红获南宁市教育局"绿城党旗红　先锋促发展"党建理论研讨征文
评比三等奖

· **2012 年**

肖光获评 2011 年度南宁市十佳团干之星

李晓翎当选广西普通高中课程改革学科教学指导组思想政治组成员

杨泰金当选广西普通高中课程改革学科教学指导组物理组成员

李杰当选广西普通高中课程改革学科教学指导组综合实践组成员

魏述涛获评南宁市 2010—2011 年度先进工作者

曾沸潮当选南宁市教育局关心下一代工作委员会委员

颜莉获南宁市教育局"筑坚强堡垒、树先锋形象、促科学发展"主题演讲比赛三等奖

陈雪峰、张小华、杨丽红、雷键、杨敏、胡纯辉获评 2011—2012 年度南宁市教育局

"创先争优"优秀共产党员

黄河清当选广西普通高中课程改革学科教学指导组数学组副组长

苏文凯当选广西普通高中课程改革学科教学指导组信息技术组成员

韦屏山入选南宁市第一批先锋示范岗

谢灵明、胡纯辉获评 2011 年度南宁市网络宣传先进个人

李晓翎获评 2011—2012 年度南宁市教育局"创先争优"优秀党务工作者

· 2013 年

杨菲获报送的视频《值周班活动》被评为全国中小学"育人精彩瞬间"

庄艳玲、张颖获第九届全国中小学英语教学优秀论文一等奖

黄河清获全区教育系统"解放思想、赶超跨越"大讨论活动理论文章评选活动一等奖

魏远金入选南宁市第二批先锋示范岗

陈雪峰、张小华、魏述涛、王鸿、谢灵明入选南宁市教育局系统先锋示范岗

陈雪峰、张小华、魏述涛入选南宁市先锋示范岗

韦屏山获评 2012—2013 年度南宁市教育局优秀党务工作者

杨菲获评 2012 年南宁市学生资助工作先进个人

胡冬明获评 2012 年南宁市优秀共青团员

董杨、丁志龙获评南宁市中小学 2013 年度优秀心理辅导员

韦屏山、韦坚、胡颖毅、魏远金入选 2012 年度南宁市教育系统先锋示范岗

马可、韦先鲜、胡颖毅、封志勤、韦红梅、谭慧、张咸竹、许宜春获评 2012—2013 年度

南宁市教育局优秀共产党员

谢灵明获评 2012 年南宁市教育系统优秀通讯员

谢灵明、胡纯辉获评 2012 年南宁市网络评论工作先进个人

· 2014 年

谭启德获评隆安县优秀贫困村党组织第一书记

李杰获被定为 2014 年北部湾经济区优秀中青年专业技术人才培养工程研修人员

胡晓霞获评 2013 年南宁市招生考试工作先进个人

谢海康获评南宁市 2013 年度中小学实验室工作先进个人

黄河清特级教师工作室、李晓翎特级教师工作室、肖蔚特级教师工作室、李荣权特级教师

工作室、覃树楠特级教师工作室获评2012—2013年南宁市优秀特级教师工作室

谢灵明获评2013年南宁市教育系统宣传工作先进个人

陈素珍获评2013年南宁市学生资助工作先进个人

董杨、丁志龙获评2013年南宁市中小学优秀心理辅导员

丁志龙获评2014年南宁市优秀教育工作者

谢灵明获广西教育系统学习贯彻习近平总书记系列教育论述理论征文比赛一等奖

韦屏山获评南宁市2014年秋季主体班（第一期）县处级领导干部班二班优秀学员

李成纹、李梅、农惠、张欣欣、郑佶婷、周晶、谢灵明、谭慧获评南宁市教育局2013—
2014年度优秀共产党员

黄河清、黎承忠、陈华曲、李春阳研究成果高中数学"问题导学"教学法荣获教育部
首届基础教育国家级教学成果奖评比二等奖

杨庆新、黎莹获2014年"电信杯"南宁市优秀教育网站、优秀教师个人主题网站评比
活动先进个人奖

黄河清获评南宁市教育局2013—2014年度优秀党务工作者

严曼妮、戚志涛、黎耀中、刘芳、叶柳毅、潘石涌入选南宁市教育局先锋示范岗

· 2015年

曾小亮获评2014年南宁市教育系统宣传工作先进个人

韦坚获评南宁市教育局2014—2015年度优秀党务工作者

封志勤、韦红梅、崔朝杰、杨丽红、周代许、吴红、黄成林、许宜春获评南宁市教育局
2014—2015年度优秀共产党员

李玲芳获2015年南宁市校园中华经典诵读比赛全市决赛集体组指导教师奖

赖中平获2015年南宁市中小学幼儿园安全教育"精彩一课"评比活动二等奖

黎莹获第十届南宁市中小学校园影视奖评选活动论文类一等奖

周晶获评广西优秀共青团员

李南获评南宁市优秀共青团员

李国栋家庭获评南宁市最美家庭

· 2016年

廖素婷、李成纹获"传承中华文化共筑精神家园"青少年爱国主义读书教育活动征文
比赛优秀指导教师奖

万力菲获"中国梦·劳动美——永远跟党走"南宁市职工演讲比赛三等奖

胡纯辉获评2015—2016年度优秀党务工作者

李浩铭获2016年南宁市中小学生民族器乐比赛优秀指导教师奖

吴双陶获2016年南宁市中小学体美术教师论文二等奖（美术中学组）

潘越基、梁祖宁获2016年首届广西青少年科技运动会［光能小车竞速中学组三等奖、抛石机投射（攻城组）第三名、水火箭比高第一名］指导教师奖

黄继获庆祝中国共产党成立95周年暨中共南宁地方组织成立90周年论文征集活动三等奖

李浩铭获南宁市第十七届中小学艺术节暨纪念抗战胜利七十周年合唱总决赛中学组金奖指导教师奖

李浩铭获南宁市第十七届中小学艺术节艺术教育论文评比二等奖

罗科迪、朱丽云获南宁市中小学第三届校园心理剧评比一等奖指导教师奖

林承南、刘培荣、张祥获南宁市中小学体育与健康学科2016年优秀论文评选二等奖

黄频捷、车磊、胡嘉谊、黄中炫获南宁市中小学体育与健康学科2016年优秀论文评选一等奖

应茵、阎增、魏述涛、刘珑、王祥斌、王学建、潘石涌、陈康获评2015—2016年度优秀共产党员

曾小亮评2015年南宁市教育系统宣传工作先进个人

黄文捷获2016年广西中小学生民族团结演讲比赛高中组优秀指导教师奖（二等奖）

蒲丽曲获2016年南宁市中小学体美术教师论文三等奖（美术中学组）

黄中炫、魏来来获2016年南宁市中小学体育教师论文一等奖（体育中学组）

黄频捷、胡嘉谊、马健、李泓韬获2016年南宁市中小学体育教师论文二等奖（体育中学组）

刘俊鹏、黄桂毅获2016年南宁市中小学体育教师论文三等奖（体育中学组）

廖素婷获南宁市教育局"传承中华文化·共筑精神家园"青少年爱国主义读书教育活动征文、演讲比赛优秀指导教师奖

李成纹获南宁市教育局"传承中华文化·共筑精神家园"青少年爱国主义读书教育活动征文比赛优秀指导教师奖

吴子旋、余妍、廖婧获评2016年南宁市中小学英文歌曲演唱比赛高中组优秀指导教师

劳耘、闭绿获2016年南宁市中小学英语口语比赛优秀指导教师奖

韦莲青获庆祝中国共产党成立95周年暨中共南宁地方组织成立90周年论文征集活动优秀奖

黄河清、杨泰金、魏述涛、廖克杰入选南宁市"八桂教育家"摇篮工程培养对象候选人
名单

·2017年

廖素婷获全国学生"学宪法　讲宪法"演讲比赛广西选拔赛优秀指导奖

李家全入选 2017 年全国"中小学图书馆榜样人物"

谢灵明获 2017 年国际档案日主题征文比赛一等奖

谢灵明获"第六届中国档案职业发展论坛"主题征文活动三等奖

韩东路获"廉洁在我心中"征文高中组二等奖指导教师奖

黄河清、杨泰金获 2016 年度南宁市高层次 B 类人才认定

韦屏山、李晓翎、梁惠红、魏述涛、陈康、李荣权获 2016 年度南宁市高层次 C 类人才认
定

梁惠红获评 2017 年南宁市教育局"助学筑梦、励志成长、担当有为"资助主题演讲比赛
优秀指导教师

李浩铭获评 2017 年南宁市中小学生民族器乐比赛优秀指导教师

曾丽丽获 2017 年南宁市中小学英语演讲、讲故事比赛优秀指导教师奖

张文红、张静获评南宁市教育局"百年追梦全面小康"青少年爱国主义读书教育活动优
秀指导教师

毛书华、吴红获评南宁市教育局 2016—2017 年度优秀党务工作者

贾应锋、戚志涛、王祥斌、张小华、宗焕波、韦国亮、李成纹、胡颖毅、丁莉、陈康、
黄文艳获评南宁市教育局 2016—2017 年度优秀共产党员

廖素婷获"廉洁在我心中"征文高中组一等奖指导教师奖

李浩铭获评 2016 年度南宁市优秀共青团员干部

蒙卫、潘越基获 2017 年第十六届南宁市中小学生机器人竞赛及第一届南宁市中小学生
创客竞赛优秀教练员奖

李成纹、陈明获评 2017 年南宁市"助学筑梦、励志成才、担当有为"主题征文比赛优秀
指导教师

·2018年

杨泰金入选自治区第九批优秀专家

黄雁的课例入选 2017 年广西中小学幼儿园"安全教育示范课"优秀作品

刘俊鹏获 2017—2018 学年度南宁市中小学体育教研论文评比一等奖

杨婷婷、杨晋越获南宁市第二十届中小学艺术节艺术表演类节目市属学校预赛舞蹈类金奖

吴丹玫、蒲丽曲、刘栋获南宁市第十六届教育系统师生艺术作品展教师组一等奖

刘运庆获南宁市第十六届教育系统师生迎春艺术作品展指导教师一等奖

吴坤泉获南宁市中小学实验教学说课评选初中物理一等奖

李艺获南宁市中小学实验教学说课评选高中化学一等奖

黄小斌获南宁市中小学实验教学说课评选高中生物一等奖

韦家冠、黄中炫获 2017—2018 学年度南宁市中小学体育教研论文评比二等奖

吴双陶、吴丹玫、刘栋获南宁市第十六届教育系统师生迎春艺术作品展指导教师二等奖

李春来获南宁市中小学实验教学说课评选初中化学二等奖

蓝仁敏获南宁市中小学实验教学说课评选高中化学二等奖

陈茜诺获南宁市中小学实验教学说课评选高中生物二等奖

莫冬玲获南宁市中小学实验教学说课评选高中物理二等奖

张祥、覃秋洪获 2017 至 2018 学年度南宁市中小学体育教研论文评比三等奖

吴迪、吴双陶、刘运庆获南宁市第十六届教育系统师生艺术作品展教师组三等奖

蒲丽曲获南宁市第十六届教育系统师生迎春艺术作品展指导教师三等奖

陈雪峰、刘珑获评南宁市教育局 2017—2018 年度优秀党务工作者

胡纯辉、张小华、蓝宇、毛书华、谢平光、玉党益、姚树华、李杰、韦先鲜、王祥斌、
　　胡颖毅、廖克杰、张静、钟露、韦红梅、梁毅获评南宁市教育局 2017—2018 年度
　　优秀共产党员

庞洁获评南宁市优秀少先队辅导员

梁毅、梁顺获评 2018 年南宁市中小学生民族器乐比赛优秀指导教师

黄巧宾、朱柳霞、梁心玙获 2018 年南宁市中小学英语演讲、讲故事比赛优秀指导教师奖

玉党益、李浩铭、李睿获南宁市教育局"时刻听党话　永远跟党走"青少年爱国主义
　　读书教育活动讲故事、演讲比赛优秀指导教师奖

刘运庆、吴丹玫、吴双陶获南宁市教育局"时刻听党话　永远跟党走"青少年爱国主义
　　读书教育活动绘画比赛优秀指导教师奖

李浩铭、蒲丽曲、吴丹玫、杨夏凡、俸洁、刘运庆获南宁市教育局"时刻听党话　永远
　　跟党走"青少年爱国主义读书教育活动书法比赛优秀指导教师奖

王雪、陈邦珍、吕泉孜、钟家荣、李睿、李猛、梁诗莹获南宁市教育局"时刻听党话
　　永远跟党走"青少年爱国主义读书教育活动征文比赛优秀指导教师奖

235

·2019年

杨婷婷、杨晋越获广西第六届中小学生艺术展演活动舞蹈一等奖

王雪、黄桂玉获评2019年全区学生"学宪法 讲宪法"比赛暨第四届全国学生"学宪法 讲宪法"比赛广西赛区决赛优秀指导教师

陆小燕获2019年南宁市中小学实验说课评选活动获奖一等奖

陈小妤、董杨获南宁市教育科学"十二五"规划课题研究优秀成果一等奖

陈中谦、黄永浩获2019年南宁市中小学实验说课评选活动获奖二等奖

陆勇获评2018年度南宁市优秀共青团干部

莫焜贤获评2018年度南宁市优秀共青团员

莫怡祥、杨丽红获2019年第五批南宁市高层次人才D类认定

徐星、周洁、杨恒建、戚志涛、封志勤、易志锋、谭启德、崔朝杰、宗焕波、陈庆武获2019年第五批南宁市高层次人才E类认定

黎文平、莫雨逢获2019年南宁市中小学实验说课评选活动获奖三等奖

魏述涛、李晓翎、周代许、王洋洋获南宁市教育科学"十二五"规划课题研究优秀成果三等奖

莫焜贤、周代许获评南宁市委教育工委2018—2019年度优秀党务工作者

魏述涛、玉千舟、蓝宇、张文华、陈康、李俊强、刘珑、谢平光、戚志涛、吴小华、梁毅、林燕、李湲、王燕燕、吕泉孜、王祥斌、宗焕波、黄继、刘世林获评南宁市委教育工委2018—2019年度优秀共产党员

邓荣获评南宁市优秀教育工作者

魏述涛特级教师工作室入选2018年度南宁市优秀特级教师工作室

张韵、艾菁获评2018年南宁市中小学生打击乐比赛优秀指导教师

谭诗韵获评2019年"感恩祖国、助学筑梦、励志成长"主题演讲比赛优秀指导教师

潘越基获评2019年第十八届南宁市中小学生机器人竞赛暨第三届南宁市中小学生创客竞赛获奖优秀指导教师

姚翠琴获评2019年南宁市"感恩祖国、助学筑梦、励志成长"主题征文比赛优秀指导教师

张小龙、何婕获评2019年南宁市中小学生车辆、建筑模型比赛优秀辅导员

黄成林、郭满艳获评2019年南宁市中小学生车辆、建筑模型比赛优秀组织工作者

艾菁、梁德扬、陈紫晴、张韵、崔莉莉获评2019年南宁市中小学生打击乐比赛优秀指导教师

梁毅、王园、艾菁、张韵、崔莉莉获评2019年南宁市中小学生民族器乐比赛优秀指导
　　教师

宋玉仙获评2019年南宁市中小学英语演讲、讲故事比赛优秀指导教师

庞洁、陆勇、邓林鹃、吕泉孜、苏婧获评南宁市教育局第二十六届"时刻听党话　永远
　　跟党走"青少年爱国主义读书教育活动先进工作者

陈子璇、梁顺、邓林鹃、蒙芳妙、宁金苑、吕泉孜、梁艳婷、吴丹玫获评南宁市教育局
　　第二十六届"时刻听党话　永远跟党走"青少年爱国主义读书教育活动优秀指导
　　教师

· 2020年

张静获第九届全国初中语文教师教学基本功大赛优秀课例评比全国一等奖

林燕获2020年全国中小学英语教师教学成果评比录像课评比二等奖

周鸥、霍兵芳、潘丽洁获第三届全国中学学科思维导图评比大赛二等奖

李睿获评第九届全国初中语文教师教学基本功大赛优秀指导教师

李晓翎成为教育部大中小学思政课一体化建设指导委员会一体化建设专家指导组成员

梁惠红、李成纹、韦红梅、李薇、温燕、阎增等的基础教育教学成果获2019年广西基础
　　教育教学成果特等等次

秦华、黄月芳获《广西基础教育课程资源库建设研究》第三期优秀成果奖初中英语
　　一等奖

黄河清、李杰、周代许、韦先鲜、戚志涛、王祥斌、陈小妤、毛秀英、廖丹萍、林凡、
　　韦屏山、贝伟浩、陈延燕、潘俊全、张栋、刘晓静、徐星、邓荣、魏远金、李荣权
　　等的基础教育教学成果获2019年广西基础教育教学成果一等等次

韦文凤获2020年全区生物学科单元整体教学主题教研活动一等奖

蒙立珠获2020年全区中小学德育微课教学"精彩一课"决赛一等奖第一名

华丽桃获2020年全区中小学德育微课教学"精彩一课"决赛一等奖第二名

韦文凤获第三十五届广西青少年科技创新大赛科技辅导员科技创新成果竞赛（科技教育
　　方案类）一等奖

李春来、张智指导学生车明鸽获第三十五届广西青少年科技创新大赛获得中学生科技创新
　　成果竞赛一等奖

李小梅、刘俊、黄格获第九届全区中小学优秀自制教具展评活动一等奖

周颖获第四届广西中小学英语教师口语大赛初中组一等奖

张文红、霍兵芳、张静、陈子璇、黄悠、徐斯斯获中南六省（区）中学语文教学研究
成果评比（广西）一等奖

苏艳华获《广西基础教育课程资源库建设研究》第三期优秀成果奖初中历史二等奖

林燕、莫建桃、陶思怡获《广西基础教育课程资源库建设研究》第三期优秀成果奖初中
英语二等奖

黎承忠、黄河清、魏远金、王学建、计启宏、钟慧、毛秀英、姚敏、李晓翎、韦晓宁、
蒙立珠、黄继、莫焜贤等的基础教育教学成果获2019年广西基础教育教学成果二等
等次

谢辛玉获2020年全区中小学德育微课教学"精彩一课"决赛二等奖

冯几云、李慧珍、梁坤梅、蒙芳妙、周鸥、陈捷、陈丽君、陈子璇、黄秋霞、吴文丽、
张静、霍兵芳、潘丽洁获中南六省（区）中学语文教学研究成果评比（广西）
二等奖

王鸿获《广西基础教育课程资源库建设研究》第三期优秀成果奖初中道德与法治三等奖

郭岚、胡娴毅获《广西基础教育课程资源库建设研究》第三期优秀成果奖初中英语
三等奖

庞洁获2020年广西少先队辅导员专业技能比赛三等奖

钟家荣、谭淇尹、陶新军、梁舒尹、刘晓静、覃矜、霍银涓、高旗、杨帆、周代许、石阳、
张妍、魏文洁、倪华作为评卷教师在2020年普通高校招生全国统一考试中获通报
表扬

梁惠红、韦红梅、李俊强、李俊、刘远智、杨小菊、毛秀英作为评卷题组长在2020年
普通高校招生全国统一考试中获通报表扬

陈兴强、唐立、韦兰蓓、陈佳（语文）、周武、王德才、陈茵、覃矜、黄子娟、邱丽燕、
韦晓宁、姚敏、朱巧玲获评2020年上半年广西普通高中学业水平考试优秀评卷员

莫怡祥、张韵当选广西教育研究院第一批中小学学科中心组成员

滕雪芬获2019年南宁市中小学生诚信教育书法和绘画比赛优秀指导教师一等奖、二等奖、
三等奖

李堃华获2020年南宁市校园中华经典诵读比赛教师组一等奖

潘舟获2020年南宁市中小学青年教师技能竞赛决赛地理学科一等奖

唐尧志获2020年南宁市中小学青年教师技能竞赛决赛历史学科一等奖

肖宝莹、莫迪茜获2020年南宁市中小学青年教师技能竞赛决赛数学学科一等奖

梁艳婷获2020年南宁市中小学青年教师技能竞赛决赛语文学科一等奖

利海媚获 2020 年南宁市中小学实验说课评选活动初中一等奖

姚全、何丽婷、吕首然获 2020 年南宁市中小学实验说课评选活动高中一等奖

陈延燕获 2020 年南宁市中小学实验说课评选活动高中一等奖指导教师奖

文丽莉、邓天添、陈心如、胡冬明获 2020 年南宁市中小学信息技术与学科教学深度融合
优秀课例展示观摩评选活动一等奖

蓝仁敏、潘卫周、刘俊、李小梅、黄格获 2020 年南宁市中小学优秀自制教具展评活动
中学一等奖

蓝仁敏、潘卫周、刘俊、黄格获第九届广西中小学优秀自制教具展评活动一等奖

陈康、廖克杰、杨小菊、贾应锋、李杰、魏述涛获评南宁市教坛明星

蒲丽曲、刘运庆获 2019 年南宁市中小学生诚信教育书法和绘画比赛优秀指导教师
二等奖、三等奖

庞洁获 2020 年南宁市少先队辅导员专业技能比赛二等奖

林晓璐获 2020 年南宁市校园中华经典诵读比赛教师组二等奖

蒲丽曲获 2020 年南宁市中小学美术、书法教师"研训赛"活动暨中小学美术、书法教师
五项基本功比赛初中书法组二等奖

张琼樱获 2020 年南宁市中小学青年教师技能竞赛决赛生物学科二等奖

姜鹤获 2020 年南宁市中小学青年教师技能竞赛决赛英语学科二等奖

苏朝凤获 2020 年南宁市中小学青年教师技能竞赛决赛语文学科二等奖

覃艳妮、张琼樱获 2020 年南宁市中小学实验说课评选活动初中二等奖

王嘉炜、练海敏、秦雨丝、张顺义、黄健、范永凯获 2020 年南宁市中小学实验说课评选
活动高中二等奖

朱丽丽获 2020 年南宁市中小学实验说课评选活动高中二等奖指导教师奖

何翠、宁海钰、曾思琳获 2020 年南宁市中小学信息技术与学科教学深度融合优秀课例
展示观摩评选活动二等奖

钟智超、谢海康获 2020 年南宁市中小学优秀自制教具展评活动中学二等奖

梁艳婷获南宁市 2020 年"争做时代四有好教师"主题演讲比赛活动二等奖

梁心玙获评 2019 年度南宁市优秀共青团干部（新冠疫情防控专项）

黄文艳获评 2019 年南宁市教育系统宣传工作先进个人

韦国亮获评 2020 南宁市教育系统优秀教育工作者

许佳佳获 2020 年南宁市校园中华经典诵读比赛教师组三等奖

刘运庆获 2020 年南宁市中小学美术、书法教师"研训赛"活动暨中小学美术、书法教师

　　五项基本功比赛初中美术组三等奖

陈俞瑾、黄欢获 2020 年南宁市中小学实验说课评选活动高中三等奖

农玉珍获 2020 年南宁市中小学信息技术与学科教学深度融合优秀课例展示观摩评选活动三等奖

李小梅、刘俊、黄格、林炎奎、范永凯获 2020 年南宁市中小学优秀自制教具展评活动中学三等奖

刘珑、姚敏入选 2020 年第十一批南宁市培养新世纪学术和技术带头人培养人选

王燕燕、林燕获南宁市委教育工委 2019—2020 年度"优秀共产党员"称号

潘越基获评南宁市优秀支教教师

苏婧、梁艳婷、黄秋霞获评"腾飞中国·辉煌 70 年——谈祖国新成就，话壮乡新发展"演讲比赛优秀指导教师

黄倩、苏鹏珵、曾夏怡、黄月芳、曾丽丽、陆小荣获 2019 年南宁市中小学英文歌曲比赛指导教师奖

张沛、李浩铭、廖莉、何秋香获 2020 年南宁市校园中华经典诵读比赛集体组指导教师奖

钟家荣、申颖获 2020 年南宁市校园中华经典诵读比赛教师组指导教师奖

陆艳红、莫荣清获 2020 年南宁市校园中华经典诵读比赛指导教师奖

苏鹏珵、艾菁、崔莉莉获 2020 年南宁市中小学生民族器乐比赛指导教师奖

张智、莫怡祥、黄欢、朱建东、李冬英、金敖然、胡颖毅获 2020 年南宁市中小学实验说课评选活动指导教师奖

林燕、郭岚、廖克杰、陈康、徐永霞、梁德清、姚敏、毛秀英、龙云迷、栾功、李俊强、覃矜、吴荃凤、黄继、胡波、孙国强获 2020 年南宁市中小学信息技术与学科教学深度融合优秀课例展示观摩评选活动指导教师奖

覃艳妮获 2020 年全市理论宣讲比赛优秀奖

邓林鹃、黄涛跃、张静、陈东、陈佳、王伟、郭岚、胡娴毅、林燕、潘哲菲、陶思怡、滕雪、周颖、朱映红、陈心如、丁莉、李红、刘畅、王鸿、韦婷、杨娟、周晶、梁学聪、覃梦园、谭亚娟、唐尧志、吴红、谢燕霞、谢展薇、陈中谦、何婕、黄成林、雷湘红、谭冠毅、吴成怡、吴坤泉、张小龙、张智、刘培荣、韦庆、张祥、朱云峰、聂欣、张沛、钟家荣、陈康、高岩、李俊、李俊强、梁竹、廖克杰、栾功、汪朝宽、韦国亮、邓琪、蒋华怡、赖云珍、林莉、潘晓雯、彭燕琼、石惠方、覃矜、陶艳容、吴荣媚、杨小菊、叶金灵、周艳菊、陈小妤、林凡、韦晓宁、徐欣、姚敏、陈冀丽、黄美秋、李南、廖丹萍、陆勇、韦夏玲、高旗、胡波、霍银涓、罗惠中、罗娜、

毛秀英、莫少雯、农玉珍、温广源、谢雍馨、杨帆、周代许、曾耿利、陈雪峰、李燕、吴小华、杨丽红、张子艳、黎耀中、韦骁珉、谢朝杰、杨欢、陈延燕、邓荣、郭文娟、刘胜男、易志锋、黄频捷、李国栋、李昕、刘俊鹏、马夏华、吴国松、谢灯、董彩霞、董杨、李萍、张韵获评南宁市"空中课堂"优秀课例录制工作先进教师

刘志霏、杨枝、杨汉生、韦良、邓曙光、韦剑鑫获评南宁市"空中课堂"优秀课例录制技术保障先进工作者

吴文丽获评南宁市2020年中考评卷工作优秀评卷员

廖莉获南宁市2020年中小学"讲好红色故事，传承红色基因"演讲比赛决赛优秀指导教师奖

吕泉孜、江东洋、吴丹玫、李璐璐、刘栋获评南宁市教育局第二十七届"奋进新时代　争做追梦人"青少年爱国主义读书教育活动先进工作者

王婕、李南、阎增、张文红、梁坤梅、吴文丽、陆洁、吕泉孜、蒲丽曲、吴丹玫、吴双陶、刘运庆、李璐璐、刘栋、滕雪芬获评南宁市教育局第二十七届"奋进新时代　争做追梦人"青少年爱国主义读书教育活动优秀指导教师

· 2021年

蒙立珠获首届全国中学思政课教学基本功大赛特等奖

易志锋、封志勤、黄小斌、韦美伶、陈延燕、张宝丹、刘晓波、侯雅文获全国中学生生物学联赛一等奖指导教师奖

吴小华、张井卫、占华平、何鹏、孔令峰获全国中学生物理竞赛一等奖指导教师奖

陈佳的作品《核心素养培养理念下高考论述类文本阅读的精准备考》获第五届"语参·中华杯"全国教师科研能力展示大赛二等奖

易志锋、封志勤、黄小斌获全国中学生生物学竞赛（国赛）三等奖指导教师奖

陈佳的作品《跨媒介阅读与交流学习任务群视域下的高中生写作教学策略探究》获第五届"语参·中华杯"全国教师科研能力展示大赛三等奖

陈佳的作品《莫嫌高考征程远，但肯摇鞭有到时》获第五届"语参·中华杯"全国教师科研能力展示大赛二等奖

潘越基获第七届全国青年科普创新实验暨作品大赛全国总决赛优秀指导教师奖

江东洋获2021年广西中小学幼儿园安全教育"精彩一课"作品征集和评选活动一等奖

张智、杨欢获2021年全区中小学实验教学说课评选活动一等奖

邱丽燕获广西中小学德育微课教学"精彩一课"比赛高中组一等奖

欧临琳、韦婷获2020年广西中学数学教育教学研究成果评比教学设计一等奖

王伟获2020年广西中学数学教育教学研究成果评比录像课一等奖

欧临琳、肖宝莹获2020年广西中学数学教育教学研究成果评比论文一等奖

龙振梅获2021年广西北部湾创客教育大赛活动一等奖指导教师奖

黄频捷获2021年广西中小学优秀体育与健康课教学评比一等奖指导教师奖

牙雅楠获2021年全区初中历史优质课例（含录像课、教学设计、课件、在线说课及答辩）评选活动一等奖

陈瑶获第一届广西中学语文主题研修优秀成果评比暨优质课展评活动研究论文类壹等奖

申颖获广西第一届初中语文主题研修优秀成果评比暨优质课展评、观摩活动一等奖

李睿、张静、徐斯斯、刘畅、蒙芳妙获广西第一届初中语文主题研修优秀成果评比暨优质课展评、观摩活动主题研修优秀成果评比一等奖

张梁良获2021年全区中小学实验教学说课评选活动二等奖

杨晋越的舞蹈《琴声悠悠映我心》获广西第七届中小学生艺术节二等奖

练海敏获全区中小学实验教学说课评选活动二等奖

傅媚、黄丛珍获2020年广西中学数学教育教学研究成果评比教学设计二等奖

黄丛珍获2020年广西中学数学教育教学研究成果评比微课二等奖

陈瑶获2020年全区中小学教育信息化课例评选活动录制课二等奖

石兰获2021年广西北部湾创客教育大赛活动二等奖、三等奖指导教师奖

李成纹获2021年广西中学语文主题研修优秀成果评比暨优质课展评活动二等奖

张小华获第一届广西中学语文主题研修成果研究类论文评比二等奖

庞洁获评广西优秀少先队辅导员

莫迪茜、肖宝莹获2020年广西中学数学教育教学研究成果评比教学设计三等奖

王伟获2020年广西中学数学教育教学研究成果评比论文三等奖

赖弘婷获2020年广西中小学电脑制作活动优秀指导教师奖

陈佳的课例获2021年"基础教育精品课"遴选活动暨2021年全区"基础教育精品课"征集活动省级"优课"

雷璇、刘翠获评2021年全区中学生健美操、啦啦操比赛优秀教练员

刘本杨、包华锦获评2021年首届广西中小学羽毛球锦标赛优秀教练员

潘越基获第七届全国青年科普创新实验暨作品大赛广西赛区优秀指导教师奖

谢灯获评第一届广西学生运动操舞锦标赛优秀教练员

韦琴琴获桂林市 2021 年基础教育成果奖一等奖

王园、苏鹏珵获南宁市第二十三届中小学艺术节论文评比论文一等奖

黄艳婷获南宁市第四届中小学体育教师教学技能比赛初中组个人一等奖

朱丽云获南宁市中小学第十一届、幼儿园第十届心理辅导课优质课比赛一等奖

练海敏获南宁市中小学实验说课比赛一等奖

张韵获南宁市中小学音乐教师大练兵声乐、舞蹈和键盘比赛声乐一等奖第一名

蒙美兰获 2021 年南宁市中小学班主任技能大赛初中组一等奖

陆彩燕、张智获 2021 年南宁市中小学实验教学说课评选活动获奖初中组一等奖

练海敏、杨欢获 2021 年南宁市中小学实验教学说课评选活动获奖高中组一等奖

张智获 2021 年南宁市中小学实验说课评选活动一等奖

邹德萍获 2021 年南宁市中小学信息技术与学科教学深度融合优秀课例展示观摩评选活动
    一等奖

陈小妤、姚敏获 2021 年南宁市中小学信息技术与学科教学深度融合优秀课例展示观摩
    评选活动一等奖指导教师奖

黄月芳获 2021 年南宁市中小学信息技术与学科教学深度融合优秀课例展示观摩评选决赛
    一等奖

吕泉孜获 2021 年南宁市中学（中职）团委书记团务技能大赛巡讲团选拔一等奖

江东洋获 2021 年南宁市中学（中职）团委书记团务技能大赛主题团日活动设计一等奖

白婕获 2021 年南宁市中学学科教师教学技能大比武（优质课）决赛地理学科一等奖

庞薇、毛秀英获 2021 年南宁市中学学科教师教学技能大比武（优质课）决赛地理学科
    一等奖指导教师奖

李南获 2021 年南宁市中学学科教师教学技能大比武（优质课）决赛历史学科一等奖

李金健获 2021 年南宁市中学学科教师教学技能大比武（优质课）决赛生物学科一等奖

黄小斌、黄琴、魏述涛获 2021 年南宁市中学学科教师教学技能大比武（优质课）决赛
    生物学科一等奖指导教师奖

王学建、刘辉获 2021 年南宁市中学学科教师教学技能大比武（优质课）决赛数学学科
    一等奖

谢灯获 2021 年南宁市中学学科教师教学技能大比武（优质课）决赛体育学科一等奖

刘晨晨、彭鹏、冯官凤获 2021 年南宁市中小学信息技术与学科教学深度融合优秀课例
    展示观摩评选比赛二等奖

张小华、卢戈获 2021 年南宁市中小学信息技术与学科教学深度融合优秀课例展示观摩

评选比赛二等奖指导教师奖

龙振梅获 2021 年南宁市中小学生信息素养提升实践活动二等奖指导教师奖

张梁良、黄洁莹、周莹获 2021 年南宁市中小学实验教学说课评选活动初中组二等奖

张嵩勋、唐露珠获 2021 年南宁市中小学实验教学说课评选活动高中组二等奖

姚敏、华丽桃获 2021 年南宁市中学学科教师教学技能大比武（优质课）决赛政治学科
二等奖指导教师奖

韦星旭获 2019—2020 年南宁市学生资助工作成绩突出个人

许佳佳获 2020 年校园中华经典诵读比赛（教师组）三等奖

胡颖毅获评 2021 南宁市教育系统优秀教育工作者

陈佳获 2021 年南宁市师德师风演讲比赛三等奖

董杨获 2021 年南宁市心理健康教育特色项目评比三等奖

黄敏玲、李萍获 2021 年南宁市心理危机应对图文小贴士作品评比三等奖

蓝宇、黎耀中、谭佩玉获评中共南宁市委教育工作委员会 2020—2021 年优秀党务工作者

周玉环、蓝玉、王学建、陈素珍、黄欢、李佳璟、吴红、冯宇斌获中共南宁市委教育
工作委员会"2020—2021 年优秀共产党员"称号

李南获 2021 年南宁市中学学科教师教学技能大比武（优质课）决赛历史学科三等奖
指导老师奖

陈佳（语文）、覃玉佼获第一届广西中学语文主题研修优秀成果评比暨优质课展评、观摩
活动研究论文类三等奖

何秋香、莫荣清获 2020 年校园中华经典诵读比赛优秀指导教师奖

吴怡锦、谢燕霞获评 2021 南宁市中考改卷优秀评卷员

韦嫦春的课例入选 2021 年广西中小学劳动教育活动优秀案例

陈长毅、周中元、覃春勇、张菊香获 2021 年南宁市青少年阳光体育大会暨自治区第十五届
运动会南宁市代表队选拔赛优秀教练员

文仁琦、谢灯、刘翠获 2021 年南宁市青少年阳光体育大会暨自治区第十五届运动会南宁
市代表队选拔赛优秀指导教师奖

黄频捷、雷璇获评 2021 年南宁市青少年阳光体育大会优秀裁判员

刘聪、罗佼佼获评 2021 中国民主同盟会先进盟员

申颖、廖莉、陆艳红获南宁市 2020 年校园中华经典诵读比赛优秀指导教师奖

覃丹丹、蒲丽曲获南宁市第二十八届"希望之星"青少年文化艺术节"党在我心中·
红色记忆我来画"绘画大赛优秀指导教师奖

林倩宇、卢珏璋、黄小轩、吴国松获评南宁市第六届"千里杯"校园足球比赛优秀教练员

谢灯、文仁琦获南宁市第六届花样跳绳比赛优秀指导教师奖

李程、覃茵茵获评南宁市第六届中小学生校园花样跳绳比赛优秀教练员

黄巧宾获2021年南宁市中小学英语演讲、讲故事比赛优秀指导教师奖

黄中炫、刘翠、华启捷获2021年南宁市中学生排球比赛优秀指导教师奖

· 2022年

蓝宇获评广西优秀教育工作者

周代许获评2022年第二十五届"广西青年五四奖章"青年引路人

黄洁、张静、申颖获2022年全区学生"学宪法讲宪法"比赛暨第七届全国学生"学宪法 讲宪法"广西赛区决赛三等奖指导教师奖

张小华获2022年南宁市"巾帼建功标兵"称号

周代许获评2022年南宁市优秀巾帼志愿者

胡娴毅、谢辛玉获2021—2022年度"南宁市优秀少先队辅导员"称号

黎洲舟获评2021年南宁市教育系统宣传工作先进个人

周代许、徐星入选南宁市第九批优秀青年专业技术人才

李杰入选南宁市第十批专业技术拔尖人才

孙振获评南宁市优秀教育工作者

谢灵明获评2021年度南宁市教育局直属单位档案工作优秀个人

张韵、钟嫄、梁毅、王园、苏鹏珵获评2021年南宁市中小学生打击乐比赛获奖优秀指导教师

李堃华、张小鹤获2022年南宁市校园中华经典诵读暨"我邀明月颂中华"比赛中学生集体组一等奖

李璐璐、刘栋获南宁市第二十八届"百年光辉历程全面建成小康"青少年爱国主义读书教育活动书法和绘画比赛指导教师奖

廖莉获南宁市第六届"学宪法 讲宪法"活动初中组一等奖指导教师奖

欧丽娥获南宁市第六届"学宪法 讲宪法"活动初中组优秀奖指导教师奖

卢金迎获南宁市第六届"学宪法 讲宪法"活动高中组优秀奖指导教师奖

陈冀丽获南宁市教育系统第七届"学宪法 讲宪法"知识竞赛二等奖指导教师奖

韦永姮获南宁市教育系统第七届"学宪法 讲宪法"知识竞赛三等奖指导教师奖

谢燕霞、黄洁、申颖获南宁市教育系统第七届"学宪法　讲宪法"知识竞赛优秀奖指导教师奖

黄洁、张静获南宁市第七届"学宪法　讲宪法"演讲比赛一等奖指导教师奖

潘舟获南宁市第七届"学宪法　讲宪法"演讲比赛优秀奖指导教师奖

陈中谦、潘越基、赖弘婷、周勋获2022年南宁市青少年科技运动会二等奖指导教师奖

陈中谦、黄成林、陈晶获2022年南宁市青少年科技运动会三等奖指导教师奖

· 2023年

梁毅、王园、苏鹏珵获全国第七届中小学生艺术展演活动器乐三等奖（中学组）指导教师奖

李璐璐的课例入选教育部基础教育精品课

邓天添获全国作业设计大赛三等奖

吴红获2022年度"双减"政策背景下广西义务教育阶段语文等七个学科作业设计评选活动二等奖

宋思莹、庞洁、张宣晗、潘越基获2022年广西中小学实验教学说课评选活动一等奖

梁家强获自治区教育厅2023年国家安全教育"精彩一课"三等奖

江东洋、涂群获自治区教育厅2023年国家安全教育"精彩一课"指导教师奖

刘畅获2023年全区中小学德育微课教学"精彩一课"评选活动（初中组）一等奖

王鸿、谢辛玉获2023年全区中小学德育微课教学"精彩一课"评选活动（初中组）一等奖指导教师奖

万力菲获2023年全区中小学德育微课教学"精彩一课"评选活动（高中组）一等奖

林凡、姚敏获2023年全区中小学德育微课教学"精彩一课"评选活动（高中组）一等奖指导教师奖

江东洋获2022年全区义务教育学校数字资源建设及应用论文征集活动一等奖

谢燕霞获2022年全区义务教育学校数字资源建设及应用论文征集活动二等奖

梁日炎获2022年全区义务教育学校数字资源建设及应用论文征集活动三等奖

姚全获2022年度全区学校"优秀党课"和"党员教育好讲师"评选活动三等奖

吕泉孜获全区铸牢中华民族共同体意识精品课程征集活动二等奖

白福伟获全区教育系统优秀工会工作者

金敖然、伍倩、黄成林、潘越基、陈晶获第三十七届广西青少年科技创新大赛指导教师奖

周莹获第三届广西自然笔记大赛伯乐奖

韦文凤、蒋小丽获第三届广西自然笔记大赛指导教师奖

黄冬麟获广西第十三届学生运动会羽毛球项目比赛中学组混合双打第七名

罗威、谢海滨、苗航、陈均发、黄桂毅获广西第十三届学生运动会羽毛球项目比赛中学组
混合双打第七名指导教师奖

周勋获2023年广西中小学生程序设计挑战赛指导教师奖

李璐璐获广西第十届"八桂画童"美术书法大赛优秀指导教师奖

唐毓超获"启航新征程 建功新时代"——南宁市学习贯彻党的二十大精神青年理论宣讲
大赛三等奖

杨菲获评2023年南宁市教育系统优秀教育工作者

李杰获2022—2023年度"南宁市优秀少先队辅导员"称号

黄岚获2023年南宁市"躬耕教坛 强国有我"师德师风主题演讲比赛二等奖

文丽莉获南宁市2022年国家安全教育"精彩一课"评选活动一等奖

周晶、江东洋获南宁市2022年国家安全教育"精彩一课"评选活动一等奖指导教师奖

莫雨逢获南宁市2022年国家安全教育"精彩一课"评选活动二等奖

江东、韦国亮获南宁市2022年国家安全教育"精彩一课"评选活动二等奖指导教师奖

江东洋获评2022年南宁市优秀共青团干部

林梦冰、许欢欢、韦春妹、莫宏媛、黄伶伶获2022年南宁市"自强不息 心向未来"
心理健康教育特色项目一等奖

陈睿获2022年南宁市中小学生"少年心向党 奋斗新征程"车辆和建筑模型比赛一等奖
指导教师奖

周勋获2022年南宁市中小学生"少年心向党 奋斗新征程"车辆和建筑模型比赛三等奖
指导教师奖

何海夷获2022年度南宁市直属中小学校（幼儿园）责任区优秀责任督学

吴丹玫获南宁市2023年中小学美术和书法教师五项基本功大练兵大比武决赛一等奖

潘旻均、杨盛凯、黄思源获南宁市第二十四届中小学艺术节现场创作活动金奖

蒲丽曲、刘运庆、刘栋获南宁市第二十四届中小学艺术节现场创作活动金奖指导教师奖

黄依然、刘素希、韦雅斯、蓝嫣然、蒲萧冰获南宁市第二十四届中小学艺术节现场创作
活动银奖

覃丹丹、滕雪芬获南宁市第二十四届中小学艺术节现场创作活动银奖指导教师奖

李璐璐获南宁市第二十四届中小学艺术节现场创作评比指导教师奖

陆帅森获 2023 年南宁市中小学生民族器乐比赛一等奖

李浩铭获 2023 年南宁市中小学生民族器乐比赛优秀指导教师奖

廖健琳、廉锐、杨夏凡、莫培权、牟莹莹、唐毓超、邱丽燕、滕腾、罗兴莹、黄宝贤、黄长茂获 2022 年南宁市中小学信息技术与学科教学深度融合优秀课例评选活动初赛一等奖

韦琴琴、韦小云获 2022 年南宁市中小学信息技术与学科教学深度融合优秀课例评选活动初赛一等奖指导教师奖

霍兵芳、谢展薇、陈佳、万力菲、蒋怡微、黄子萍、蓝仁敏、张耀允获 2022 年南宁市中小学信息技术与学科教学深度融合优秀课例评选活动初赛二等奖

邓林鹃、朱纯利获 2022 年南宁市中小学信息技术与学科教学深度融合优秀课例评选活动初赛二等奖指导教师奖

蓝岚、陈俊健获 2022 年南宁市中小学信息技术与学科教学深度融合优秀课例评选活动初赛三等奖

张庆芳获 2022 年南宁市中小学信息技术与学科教学深度融合优秀课例评选活动初赛三等奖指导教师奖

白婕、陈小妤、范永凯、胡冬明、胡颖毅、花新矿、华丽桃、黄兵、黄小斌、黄长茂、李南、李鹏飞、梁惠红、梁学聪、廖丹萍、林凡、林靖、刘冬乔、刘辉、卢戈、庞薇、彭裕华、孙国强、谭诗韵、徐星、徐颖、徐永霞、姚敏、叶茵、易志锋、银媛琳、于荣娜、钟家荣、卓金玲、邹信武获 2022 年南宁市中小学信息技术与学科教学深度融合优秀课例评选活动初赛指导教师奖

冯官凤、廉锐、张小丽、覃艳妮、陈吉欢获 2023 年南宁市中小学实验教学说课评选活动一等奖

王玉莲、路丽诗、张繁、何炎获 2023 年南宁市中小学实验教学说课评选活动二等奖

陈慧基、牙建程获 2023 年南宁市中小学实验教学说课评选活动三等奖

于荣娜、韦嫦春、陈茵平、陈茜诺、韦文凤、庞洁、罗洪均、杨欢、彭裕华、唐静、张智、黎文平、徐颖、宋思莹、葛仁婧、黄健、谢海康、钟智超、吴坤泉、陆小燕、倪华、万超获 2023 年南宁市中小学实验教学说课评选活动指导教师奖

张瀚文、谭舒涵、赖玥妤、陆昭辛、奚丽婷、陈依舒、吴雨嫔、陈依然、李悦莹、李沁妍获 2023 年南宁市中学生排球比赛初中女子组第五名

王柳获评 2023 年南宁市中学生排球比赛初中女子组优秀指导教师

刘栋获南宁市第二十一届教育系统师生迎春艺术作品展评比荣获教师组一等奖

李成纹、卢戈、黄龙清、刘晨晨获南宁市2022年微型课题研究优秀成果评比活动二等奖

陈佳、卢戈获南宁市2022年微型课题研究优秀成果评比活动三等奖

陆帅森获2023年南宁市中小学生民族器乐比赛中学组一等奖

李浩铭获2023年南宁市中小学生民族器乐比赛中学组一等奖指导教师奖

邹德萍获2022年南宁市学生信息素养提升实践活动（教师部分）一等奖

陈佳获2022年南宁市学生信息素养提升实践活动（教师部分）二等奖

梁惠红获2022年南宁市学生信息素养提升实践活动（教师部分）指导教师奖

蔡力乾、苏桂宸、陶希礼获"迎学青会"2023年南宁市青少年象棋比赛U18男子团体
第一名

陶希礼获"迎学青会"2023年南宁市青少年象棋比赛U18男子组第六名

韦惠丹、黎婧乐获广西北部湾人工智能教育大赛中鸣超轨普及赛智能家居项目（初中组）
一等奖指导教师奖

附录五　基础教育教学成果

表6-3　基础教育教学成果奖获奖汇总表（2010—2023年）

国家级

成果名称	完成人	等次	时间
中学数学"问题导学"教学策略	黄河清	二等奖	2010
高中数学"问题导学"教学法	黄河清、王屹、黄祖应、黎承忠、陈华曲、李春阳	二等奖	2014
"精准帮扶"贫困地区高中提升教学质量的创新实践	黄河清、李杰、黎承忠、梁东旺、韦坚	二等奖	2018
高中"实践型"德育课程十九年改革与探索	贾应锋、杨菲、李杰、魏述涛、邓荣	二等奖	2018
三体融通：高中创新教育十八年探索与实践	韦屏山、李国栋、刘珑、潘俊全、谢展薇、蓝仁敏	二等奖	2022
读写共构三步三层级模式：少数民族地区高中生语文深度学习策略及实践研究	阎增、李成纹、李薇、温燕、韦红梅	二等奖	2022

自治区级

成果名称	完成人	等次	时间
"精准帮扶"贫困地区高中提升教学质量的创新实践	黄河清、李杰、黎承忠、梁东旺、韦坚	特等奖	2017
构建"教学环"——提高学生学习能力的探索与实践	廖克杰、黄基荣、谭洁、于成宽、胡凯林	一等奖	2017
高中"实践型"德育课程十九年改革与探索	贾应锋、杨菲、李杰、魏述涛、邓荣	一等奖	2017
基于"LCCTT"学情分析评价系统的高中教学改革实践与探索	韦屏山、贝伟浩、张栋、陈延燕、谭锋	一等奖	2017
"多媒体——情境语法教学模式"实践研究	庄艳玲、劳耘、张颖、徐永霞、房彬	二等奖	2017
提升教师课程领导力的"说·做·写"实践研究	韦坚、黄河清、韦屏山、李杰、韦先鲜	二等奖	2017
运用问题导学实施高中物理课堂探究教学的研究与实践	杨丽红、杨泰金、胡颖毅、周玉环、刘珑	三等奖	2017

成果名称	完成人	等次	时间
思辨型思想政治课堂教学的实践与研究	徐欣、李晓翎、林玲、宗焕波、姚敏	三等奖	2017
国家课程二次开发的教学创新实践研究——以《经济生活》课程校本化为例	李晓翎、陈小妤、林凡、周晶、韦娉婷	三等奖	2017
高中语文"读写共构"教学策略研究与实践	梁惠红、李成纹、韦红梅、李薇、温燕、阎增	特等奖	2019
"三课"联动引领高中育人方式变革的研究与实践	黄河清、李杰、周代许、韦先鲜、戚志涛、王祥斌	一等奖	2019
南宁三中创新教育16年的探索与实践	韦屏山、贝伟浩、陈延燕、潘俊全、张栋、刘晓静	一等奖	2019
基于创新性思维培养的"三维耦合"教学模式的实践研究	李杰、徐星、邓荣、魏远金、展军颜、周代许	一等奖	2019
立德树人引领下政史地"三位一体"育人模式十五年探索与实践	陈小妤、李杰、刘立昌、毛秀英、廖丹萍、林凡	一等奖	2019
新时代背景下高中数学学科课程建设的研究与实践	黎承忠、黄河清、魏远金、王学建、计启宏、钟慧	二等奖	2019
立德树人视域下高中思想政治课培育学生"政治认同"素养的实践研究	姚敏、李晓翎、韦晓宁、蒙立珠、黄继、莫焜贤	二等奖	2019
高中化学教学"三实融合"的探索与实践	贝伟浩、张金恒、杨欢、蓝仁敏、杨恒建、李冬英、罗蒂固、潘卫周、张繁、韦骁珉	特等奖	2021
高中思想政治与生涯规划"双向融合、四维联动"育人体系的构建与实践	李晓翎、林凡、陈小妤、周晶、万力菲、董杨、宗焕波、陈现永	二等奖	2021
高中物理教学"三实联动"13年探索与实践	陈雪峰、何鹏、冯官凤、黄文斌、禤小平、黄格、李小梅、吴小华、梁德清、刘珑	特等奖	2023
高中地理"四核四阶三路"学科育人创新实践	周代许、毛秀英、庞薇、罗惠中、白婕、石阳、霍银涓、高旗、胡波、卢远	特等奖	2023
强基·明辨·铸魂：高中历史史证教学的探索与实践	廖丹萍、曹湧、韦夏玲、潘俊全、滕腾、李南、陆勇、陈冀丽、吴红、马志民	二等奖	2023
心向阳光自然生长：以生涯教育滋养学生全面发展	韦坚、宗焕波、潘俊全、董杨、黄敏玲、何鹏、韦福顺、朱丽云、孙振、贝伟浩	二等奖	2023

南宁市级

成果名称	完成人	等次	时间
基于"三课"模式下的学校管理创新实践——以南宁三中教师队伍建设的突破发展为例	黄河清、李杰、周代许、韦先鲜、戚志涛、王祥斌	特等奖	2018
高中语文"读写共构"教学策略	梁惠红、李成纹、韦红梅、李薇、温燕、阎增	一等奖	2018
"三维耦合"创新性思维教学模式的实践研究	李杰、徐星、邓荣、魏远金、展军颜、周代许	一等奖	2018
思政课引领下文综"三位一体"育人模式十五年探索与实践	陈小妤、李杰、刘立昌、毛秀英、廖丹萍、林凡	二等奖	2018
高中数学学科课程建设的实践与研究	黎承忠、黄河清、魏远金、王学建、计启宏、钟慧	二等奖	2018
倡导"真·爱教育"增强文化自信——新时代少数民族地区培育时代新人的创新实践	韦屏山、贝伟浩、陈延燕、潘俊全、张栋、刘晓静	二等奖	2018
"缤纷英语"多元化作业设计和评价方式研究与实践	傅嘉、卓金玲、廖婧、闫凤强、邓琪、彭燕琼	二等奖	2018
立德树人视域下高中思想政治课培育学生"政治认同"素养的实践研究	姚敏、李晓翎、韦晓宁、蒙立珠、黄继、莫焜贤	二等奖	2018
研究性学习16年探索与实践	贝伟浩、李杰、潘俊全、陈延燕、张金恒、蓝仁敏	三等奖	2018
学科阅读改善城市新区学校教育生态的创新实践	梁毅、冯宇斌、谢展薇、苏朝凤、黄涛跃、谭冠毅	三等奖	2018
以生为本的高中数学教学实践研究	栾功、韦国亮、陈烈、蓝日更、黄基荣、陈茵	三等奖	2018
高中数学学科育人"三环耦合"模式建构与实践研究	黄河清、魏远金、韦国亮、谭淇尹、吴彪、周代许	一等奖	2020
高中思想政治课与生涯规划双向融合育人的十年实践研究	李晓翎、林凡、陈小妤、周晶、董杨、万力菲	一等奖	2020
高中化学教学"三实融合"的探索与实践	贝伟浩、蓝仁敏、张金恒、潘卫周、杨恒建、李冬英	一等奖	2020
基于主题语境的高中英语"四同"教学模式十一年实践研究	杨小菊、覃矜、谭慧、林莉、潘晓雯、赖云珍	二等奖	2020

成果名称	完成人	等次	时间
普通高中"体验式"劳动教育课程的十八年创新与实践	蓝宇、胡颖毅、谭佩玉、陆勇、梁心玙、蓝日更	二等奖	2020
基于"兴趣引领、体教融合"的选项课十八年实践与研究	孙振、谭立勇、黄兰清、李国栋、欧文航、黄艳婷	二等奖	2020
"渗透·体验"模式下中华优秀传统文化历史特色课程建设的探索与实践	吴红、谭亚娟、苏艳华、陆兆佳、利肖燕、裴梓惠	二等奖	2020
基于"思政教育"的高中生物校本探索与实践	魏述涛、韦珺、黄琴、易志锋、黄小斌、封志勤	三等奖	2020
指向高中语文核心素养的深度学习研究	蓝玉、梁惠红、谢弘、张小华、李燕玲、刘芳	三等奖	2020
"三全育人"视阈下普通高中数学学科阅读的研究与实践	韦国亮、吴尚珉、陈康、廖克杰、吴彪、黄基荣	三等奖	2020
高中地理"四核三力三路"学科育人创新实践	周代许、毛秀英、庞薇、罗惠中、白婕、石阳、霍银涓、李建伟、高旗、周建强	特等奖	2022
高中物理教学"三实联动"12年探索与实践	陈雪峰、韦屏山、刘珑、何鹏、冯官凤、梁德清、陈传来、禤小平、黄文斌、黄格	一等奖	2022
心向阳光自然生长：以生涯教育滋养学生全面发展	韦屏山、徐星、宗焕波、潘俊全、董杨、黄敏玲、何鹏、韦福顺、朱丽云、贝伟浩	二等奖	2022
探源·实证·铸魂：高中历史史证教学17年探索与实践	廖丹萍、韦夏玲、潘俊全、滕腾、李南、陆勇、陈冀丽、马志民、吴红	二等奖	2022
满足"三个需求"的中学数学"根＋空"学与教变革的十年探索	栾功、梁竹、马汉阳、甘磊、李俊强、刘辉、肖宝莹、陈东、陈庆武	二等奖	2022
初中化学"双维联动"创新思维教学模式的创建与实践研究	张智、杨菲、徐星、邓海英、韦宗莉、玉春勤、李春来、杨雪芝、张宣晗	三等奖	2022

后记

岁月无痕，青史为证。

《道从何处来》一书得以顺利面世，离不开学校领导、全体师生和校友们的关心和支持。本书1955年以前的内容根据以下材料编写：民国时期编辑出版的《广西省立第一中学校校览》、《广西省立第一中学校学生特刊》、《南宁初中校刊》、《南宁高中校刊》、《广西大事记》、《广西省中等学校校长、级主任回忆录》、"南宁地方史资料丛书"、《舒芜口述自传》等以及林敏、岳平、罗克林、方宏誉、冯宗异等老校友、老校长的回忆。1955年之后的内容根据洪中信《风雨校长路》和学校档案室、南宁市档案局资料编写。为较完整地展现南宁三中的发展，本书收录内容截止时间为2023年11月。

由于时间仓促，尚有材料还未发掘或还待考证，均未能编入。因此，本书片面、粗疏在所难免，期望校友们提供更多更宝贵的线索和材料以及得到专家的批评和意见建议，使之臻于完善。

编　者

2023 年 11 月